娘のトリセツ

黒川伊保子
Kurokawa Ihoko

小学館新書

はじめに
父の愛は、娘の一生を守る

先日、父と娘を描いたコマーシャル*を見た。

「いってきます」と玄関を出ていく娘の姿を、見送る父の目線で捉えた画像が、時を重ねていくのである。

小学生の娘は、父親に満面の笑みを浮かべて手を振る。まるで小さな恋人のように。

なのに、高校生の娘はちらりと父親を見て、うんざりした顔をしながら、するりと出ていく。

社会人になった娘は、明るく「いってきます」を言い、花嫁になった娘は、心を込めて、優しく「ただいま」を言う。彼女の家族を連れて。

父と娘の「半生」を、ほんの数十秒で描いた秀逸な作品だった。

一緒に見ていた息子のおよめちゃんが、「あ〜、これ、よくわかる。私もあんなときがあったなぁ。なんで、中高生のときって、あんなに父親にイラつくんだろう」とつぶやいた。

45年前の高校生だった私だって、身に覚えがあった。


一時期、なぜ、あんなに父を嫌ったのだろう。

なのになぜ、父のことがこんなに好きなんだろう。

多くの娘が、大人になると、そんなふうに父を思う。

——父と娘、もしかすると、この世で一番深い「男と女の縁」なのかもしれない。


男として生きる以上、娘を持てたことは、神様のギフトである。

私は、自分が父のことを思うとき、その圧倒的な信頼に浸るとき、夫に娘を生んであげられなかったことを心から残念に思う。

まぁ、うちの場合、「無邪気な小学生の娘」のようにふるまって家族に溶け込んでくれた、奇跡のようなおよめちゃんが来たから、ほっとしてるけど（微笑）。

彼女のパパは、20歳そこそこで父親になった。かなりやんちゃなパパぶりだったそうで、2年前お嫁に来たときは、およめちゃんの心の中に、わだかまりがあったようだ。結婚式に絶対呼ばない、と、言っていたくらいに。

けれど、実家から送られてきた七五三の写真を見て、私は胸が詰まった。20代半ばの若い父親が、おしゃれな背広を着て、豪華な着物を着せた娘の隣に立っている。精いっぱい姿勢を正して、誇らしい顔をして。多くの若者が、自分のことしか考えていない年代だろうに……。振り返ると、およめちゃんが身体を震わせて泣いていた。父の愛が時を超えて、娘の心をつかんだのである。奇しくも、その写真に写った父と、肩を震わせて泣いている娘は、同い年であった。

七五三の写真から20年後、彼は無事に、花嫁姿の娘の隣に立った。ため息が出るほど可憐な、美しい白無垢姿の一人娘の隣で、父は誇らしげに胸を張った。あの、七五三の写真のように。

父の愛は、時間差で追いかけてくる。自分がその年になって、しみてくる何かだ。娘は、年齢を重ねるごとに、父の愛を拾っていく。

「今の娘」が父を嫌っていたとしても、何ら気にすることはない。父は、毅然と、娘を照らし続ければいい。


この本の読者は、娘の父である人がほとんどだと思う。

皆さんに、娘さんがいることを、心から祝福します。

そして、この本では、「今の娘」とあまり断絶しない方法と、「未来の娘」に愛を残すためのコツをお話ししようと思う。

生まれたての愛しい娘を抱いている人も、思春期の娘の「嫌悪感」に打ちのめされている人にも、大人の娘と話が通じないと感じる人にも、きっと、お役に立てていただけるはず。


父の愛は、娘の一生を守る。

けれど、娘を守るためには、その表現の仕方に、少しだけコツがいるのである。恋人同士のように、ただ仲良くしていればいいってものじゃない。「娘の父」となることには、ちょっとした覚悟と、少しの知識がいる。

それでは、「娘の父」を極める方法、とくとご覧あれ。

追伸

この本を、女性がお読みになる場合、「父のいない家庭だった」あるいは「こんなことを一切してくれない、ひどい父だった」という方もいらっしゃると思う。その場合も、どうか、「自分が手に入れられないものの話」と思わずに読んでほしい。

この本では、「父が娘に授けるもの」について書くが、自分の父親からそれをもらえなかったとしたら、自分で自分にあげればいい。

女性脳を、おおらかに解き放つ方法。この本を、そんなふうに読んでみてください。

この世のすべての「娘」が、幸せでありますように。願いを込めて。

＊第一生命「幸せの道〜行ってきます」篇

娘のトリセツ◉もくじ

第2章　娘とのコミュニケーション術

「ウザいパパ」にならないための心得

第3章 父は覚悟を決めなければならない

第１章　父が娘に残すもの

この章では、私の父が、私に残してくれたものを語ろうと思う。

それは、父親しか残してやれないもの。そして、無意識のうちに、多かれ少なかれ、きっとあなたが、あなたの娘に残すものである。

娘の自尊心を支え、娘を照らし続ける燈火《ともしび》——思春期には、あんなに嫌った父からの贈り物、父の愛について。

(手っ取り早く、娘の取り扱い方を知りたい人＝今夜まさに、娘との関係を何とかしなければいけない人は、2章からお読みいただき、時間のあるときに戻ってきてください)

ここは、母さんが幸せになる家だ

父が私にくれた最大の功績は、「男性全体への全幅の信頼」をくれたことである。

小学校5年生のある日、私は母と大喧嘩《おおげんか》をした。

理由は忘れてしまったが、母が私をとがめる文脈で、何か矛盾したことを言ったのだ。私は、母を理屈で追い詰め、母は言い逃れができなくなった。二人が対峙《たいじ》しているまさにそのとき、父が帰ってきたのである。父を見て、母は、少し涙ぐんだ。私は、それを卑怯《ひきょう》だと思った。

私は、父によく似た、父にかわいがられた娘だった。ことの経緯を訴えたら、父はきっと理解を示してくれると信じていた。

ところが、違ったのである。父は、私の話を黙って聞き、静かにこう言った。「おまえが正しいのか、母さんが正しいのか、俺は知らん。しかし、おまえに一つだけ言っておきたいことがある。この家は、母さんが幸せになる家だ。母さんを泣かせた時点で、おまえの負けだよ」

私は、あっけにとられて、しばらく頭が真っ白だったが、最初に感じたのは「お父さん、カッコイイ」だった。

そうか、母さんが幸せになる家か……。私は清々しい思いに満たされた。そう考えれば、すっきりする。大局的に見てどっちでもいいことなら、多少筋が通らなくても、母の思うとおりにしてやればいいのだ。結局、私は、母のことも大好きなのである。

男は、女を妻と決めた以上、小さな正義を振りかざして人間性を断じたり、日々の愛を測ることなんかしない。父は、それを、ビシッと教えてくれたのだ。

私は、その日から今に至るまで、家族間で「正しい、正しくない」を言い争うのが好きじゃない。幸せにしようと決めた人が幸せであればいい。世間目線なんてどうだっていい。人さまが多少、何か言ったっていいじゃない？

我が家は、35年にわたり、「私が幸せになる家」だった。およめちゃんが同居を望んでくれた日、私は宣言した。「決めた。この家は、今日から、あなたが幸せになる家よ」

およめちゃんが笑顔なら、間違いがない。彼女の歓びは、周囲を照らす。そういうタイプの女性なのである。私の母もそういう人だった。

「母さんは、万年少女だな」が、父の口癖だった。いいときも悪いときも、それですべてを呑み込む。妻を守り抜き、少女のような無邪気さを保ってやれることが、父の誇りだったのかもしれない。私に言わせれば、父も「万年青年」であった。

娘は、父のどこに「理想の男性像」を見るのか

私は、「男性」を信じている。そこに女性がいれば、たとえ、しわくちゃの老婆であろうとも、男たちは、そう邪険にはできないはずだと信じている。夫が、冷酷な発言をしても、「私を大事に思ってるのに、発言に失敗しちゃったのね」と本気で思っている。競技ダンスでフロアを高速回転で回るときも、相方は、何があっても私を守ってくれると信じ切っている。

実際には、そうもいかない場合もあるのだろうけど、それでもきっと、男たちが命のギリギリまで努力してくれることを、私は知っている。

その確信をくれたのは、父だった。父が、母にそうしていたからだ。

父と娘が、普通の男女と違う点はここである。娘は、「父が自分にしてくれること」の中にではなく「父が妻にしていること」の中に、「男の理想」を見るのだ。

自我のリストラ

もしも、あの日、父が私の肩を持っていたら、「そうだよな。母さんは、感情に走る癖があって、ダメなんだよ」なんて言ってくれていたら、私は、母への勝利に酔って、父のお気に入りの娘として増長していったと思う。

膨らむ自我を制御できずに、容姿を気にして、学歴やブランドで身を固めながら生きていく。あげく、自分より周囲の歓心を得る女性がいたら、イライラして、マウンティングせずにはいられないような人生を歩んだかもしれない。

思春期の少女の自我は、大きく膨らんで、止め処《ど》がない。「自分の前髪の1ミリ」が「世界の一大事」だと感じている。前髪のカットに失敗したら世界の終わり、学校になんて絶対に行きたくない。少女なら、誰もが通る道である。

しかし、そのまま大人にしてしまったら、本当にかわいそうだ。

たとえば、「素敵な自分になること」が目標だと、人にちょっと非難されたら、世界の終わりみたいな気分になる。けれど、「一流の技術を身につけたい」が目標だと、叱られても、「私なんて、まだまだ。一流っていうのはすごいんだな」という気分になれる。

後者は、「明るい不屈の精神」だ。我慢して努力しているわけじゃないのに、飄々《ひょうひょう》と遠き道を行く。一流に憧れているうちに、いつの間にか、ちゃっかり上級ゾーンにいることになる。しかも、「自意識が高すぎて、イラつきがちな女性」と「目標に一途で、明るい女性」なら、後者のほうが圧倒的に好感度が高い。周囲の支援も得やすい。同じ人生なら、こっちのほうが得じゃないだろうか?

そのためには、少女期の自我をうまく刈り込んでやらなきゃならない。自我のリストラである。

現実には、ほとんどの少女たちは、どこかで「自分」が「世界の半分」ほどの大きな存在でないことを知る。挫折を味わうことによって。

けれど、「自我が膨らんでいる状態」で、好きな男の子にふられたり、バレエで主役になれないのだとしたら、あまりにも痛い。娘に痛い思いをさせずに、自我をリストラしてやれるとしたら、「父親が、妻をきっぱりと優先する」ことのほかにないと思う。

娘を持った以上、男は、妻をけっしてないがしろにしてはいけない。「未来の娘」に、男性を信じ切る力と、明るい不屈の精神を授けてやるために。

父の悲しみ

私の父はよく、「悲しいな」ということばを使った。

私が「○○なんてやりたくない」と言うと「悲しいことだな」、私が「○○なんて大っ嫌い」と言うと「そりゃ、悲しいことだな」というように。

私は、その度に立ち止まって、わがままを言うのをやめようと努力した。父親の悲しみは、「やりなさい」「ゆるさん」なんてことばより、ずっと、胸にしみたのである。

私は、父に怒られたという記憶がほとんどない。

父は教師だったけれど、成績をとやかく言ったことがなく、宿題に関しては口にしたこともない。「学校の勉強は、学校で完結させてやればいい」「課題をやたら出す教師は一流じゃない」と考えていたようだ。私が学生のうちは、私が学校の先生に余計なことを言わないように、黙っていたけれど。

お行儀についても、とやかく言われたことがない。幼いころの写真を見ると、3歳くらいの私が、ふすまに穴をあけて潜り抜けている姿や、6歳くらいの私が寝転がって、碁石の入れ物に足を突っ込んで遊んでいるシーンがある。スカートがめくれあがって、パンツ丸見えで、しかも、鼻くそまでほじっている。

注目すべきは、その向こうで、知人と対局している父が、まったく気にしていないという点だ。カメラを向けている母も、ただ面白がっている。

私の母も、型破りなところがあった。実家の廊下の漆喰の壁に、5歳の私の指の跡が残っている。新築のとき、まだ乾いていない漆喰の壁に、私がかなり大胆な線画を描いたのだ。母は叱りもせず、「モダンアートみたい」と言って、そのままにしておいたのである。新築の家にとっては大きな傷だっただろうに。長じた私にとっては、若き日の両親の愛が伝わってくる大切なモニュメントである。

そんな父が、一度だけ、私を叩いたことがある。幼かった私は、叩かれた理由も覚えていない。

そのとき、父はなぜか、箸を使って、私の手首を叩いたのだった。父は、太い黒檀《こくたん》の箸を愛用していた。その根元のほう（握るほう）を使ったのである。たぶん、箸を手に取った瞬間に、何かが癇《かん》に障ったのだろう。

小さな手首に、重い黒檀の箸はかなりの衝撃を与えた。骨に当たった鈍い音と共に、みるみる赤い2本の線が浮き上がってきた。あまりの痛さに、びっくりしたのを覚えている。母が「なんてことをするの⁉」と、父をなじったような記憶があるが、さだかではない。

ただ、今でもありありと思い出すのは、父の悲しそうな顔である。私の手首を見つめて、心底悲しそうな顔をした。

たぶん、父が思ったより、箸が強く当たってしまったのだ。父は叱った手前、「大丈夫か」とも言えず、私の目に涙が膨らむのを、ただ当惑して見つめていた。父は、きっと、とてもとても悲しかったのだと思う。

私は、痛さなんかより、父の悲しみに共鳴して泣いた。

脳の中の父

ただ、それだけのことなのだけれど、その瞬間の記憶は、私の人生に、大きな影響を与えた。

若き日に、私を支えたのは、父のその悲しむ顔だったからだ。

私は、男女雇用機会均等法の施行前に就職した世代だ。セクハラ・パワハラが当たり前だった時代に、一瞬で人を黙らせる学歴のない女性エンジニアは、それだけで三流のレッテルを貼られた。まぁ実際、三流だったような気もするが、プレゼンさえも聞いてもらえないのでは、三流であることさえ証明できない。

「あなたの会社は、うちをバカにしている。女をよこすとはね」と面と向かって言われて、一言の発言も許されず、帰されたこともある。会議に出席しても、そこにいないように振舞われて、名刺交換の輪からも外されるなんてことも一度や二度じゃなかった。学界の重鎮にかわいがられれば、「へぇ、どんな手を使ったの？」と言われたりもする。ちなみに、仲間のエンジニアにそうされたことは一度もない。多くは、「日ごろ、働く女性と言えば秘書しか知らない」お偉方の男性たちだ。おそらく、悪気はなかったのに違いない。当時の男性たちには、女性は目に入らなかったのだろう。

悔し涙が浮かぶ度に、私は、父を思った。父はきっと私のために、心から悲しんでくれるだろう、間違いなく、正しく憤慨してくれるだろう、と。

実際に、私が、父に言いつけたことは一度もない。父が悲しむことを知っているだけで、私は、心を汚さずに済んだのである。

恋人に、私より大切に思う女性がいたときも、私の「脳の中の父」が悲しんでくれた。そうしたら、背筋が伸びて、しゃんとした。誰に必要とされなくても、私が、この世にいる理由が、少なくとも一つはある。

ピアスの穴をあけなかったのも、門限を守ったのも、そうしなかったら、父が悲しがるだろうと思ったからだ。

――父の悲しみが私にくれたもの。それをことばにするならば、「自尊心」である。自分を汚すものを跳ねのける心のちから。

娘は、父親に叱られたとき、その怖さに怯《おび》えて、身を制するわけじゃない。娘を叱る男の、その悲しさに反応して、自分を守るのである。

昭和の父たちは、平成のパパたちのように、娘と恋人同士のようにじゃれ合うことはなかった。少し遠巻きのまま、成長していく娘を案じる気持ちをうまくことばにできずに、ときに悲しそうな顔をする。その不器用さが、娘の心を打つことも多かった。

平成のパパたちは、優しくて器用でスマートだ。そのことで、もしかすると、悲しみを伝えるチャンスを逸しているのかもしれない。

日ごろ、娘のご機嫌を取って、ちやほやしているので、叱ることができない。叱れないのなら、せめて、悲しみを伝えないと。その具体的な方法については、2章以降を参考に。

旅の衣を整えよ

人生の折々に、私が脳裏に見てきた父の風景が、もう一つある。

19歳の春、私は、大学の寮に入るために家を出た。父は、旅立ちの前の晩、正座をして、『惜別の歌』を歌ってくれた。

遠き別れに　耐えかねて
この高楼《たかどの》に登るかな
悲しむなかれ　わが友よ
旅の衣をとゝのえよ

君がさやけき　目のいろも
君くれないの　くちびるも
君がみどりの　黒髪も
またいつか見ん　この別れ

（中央大学　学生歌、島崎藤村『高楼』より詞作）

父親とは、いかなる存在なのだろう。
私は、一般の女の子たちより、ずっと父と仲良しだったと思う。冬の寒い朝、父の布団に入って足を温めてもらうことは、高校生になるまで続いていたくらいだもの。

それでも、19歳の未来しか見ていない娘にとって、父親を置いて旅立つことには、そっけないほど何も感じなかった。そのときの私は、その旅立ちが、「実家に帰省する」を除いて、もう二度と家に帰らない旅立ちであることなど、思い至ってもいなかった。しかし、父は知っていたのだろう。これが、人生という大きなレンジで見たときの遠き別れになることを。

この歌声は、実のところ、当時は何の感慨もなく聴いたのだが、なぜか心に留まった。くじけそうになったとき、必ずワンフレーズだけ、耳に蘇るのである。

……悲しむなかれ　わが友よ、旅の衣をとゝのえよ。

朗々と響く父の声が私を包み、私は背筋が伸びたものだ。――旅はまだ遠い。この乱れた衣を整えて、早く次に備えよう、と。

今は、その遠き旅の果てにいる。父のおかげでいい旅だったと、心から思う。

父の手紙

先日、女性の読者の方から、相談のメールが舞い込んできた。

8歳と14歳の息子さんが、普段は優しいのに、感情が激すると暴言（「死ね」など）を口にするというのだ。実は、夫のDVが原因で、別居中だという。「息子が将来、夫のようにならないかと心配です。死ねなどと口にすることは悪いことだと教えるのには、どうしたらいいのでしょうか」と結んであった。

悪いことだと教える？　私は、その表現にひっかかった。

悪いことだと教えることは、意味がありそうで、実はない。そう教えても、「なぜ、悪いの？」と聞かれれば虚しい。たぶん、悪いと教えることでは、本質を伝えられないのだ。

けれど、母親が悲しがることは、絶対である。母親が驚愕して「いのちがけで育てた息子にそんなことを言われるなんて、死んだほうがまし」と嘆き悲しんだほうが本質を伝えられる。私は、次のように返信した。

——悪いことだと教えるのではなく、母親が心底悲しがることです。この世には、母親の悲しみでしか、伝えられないことがある。まず、はじめに、子どもたちに、「死ね」「殺す」は、あなたたちの口から聞きたくない、なぜなら、その晩、悲しくて涙が出るから、と静かに話す。実際に口にしたときは、その場で凍り付いて、家事の手を止めて、自室にこもるくらいの悲しみを表現してほしい。

父親の悲しみが娘の自尊心をつくる、その一方で、男の子の社会性は、母親の悲しみがつくる。男子は、母を悲しませないために、きっと歯を食いしばれる。男なら、きっと誰でも、その気持ちがわかるのに違いない。

私は、男子の母となりながら、そのことを知らなかった。それを教えてくれたのは、やはり父だった。

息子を産んで3か月ほどたったころだったと思う。息子かわいさに、職場への復帰を躊躇し始めたある日、父からの長い手紙が届いたのだった。

その手紙の趣旨は、「働く母親でいなさい」というメッセージだった。「母親は、感情的にならなきゃいけないときがある。男の子には、母親の悲しみでしか、伝えられないことがある。きみには鷹揚《おうよう》なところがあって、女性としては感情の起伏が足りないので心配だ。きみが四六時中一緒にいては、あの子を駄目にしてしまうに違いない。働きに出るくらいで、ちょうどよい。予定どおり、職場に復帰するように」

1991年、世間では「叱らない育児」が大はやり。しかし、父は、母親はときにはしっかりと怒り、しっかりと悲しまなければならない、と教えてくれたのだった。

私がキャリアを手放さないで済んだのは、ひとえに、この父の手紙と、姑の温かい支援のおかげである。

女の道は、険しい。

けれど、私たちには「父」がいる。娘の痛みを、娘以上に悲しんでくれる、大きな男が。

それは、夫とはまた違う、大事な大事な「生涯にただ一人の男」である。

――娘の父であること。生半可なことじゃないでしょう？

ここからは、エッセイ2本分、父の思い出を語らせてほしい。父の生きた証を、残しておきたいので。

父の遺言

47～48年前のこと、私が10代のとき、「ベルサイユのばら」という漫画が一世を風靡《ふうび》した。女性でありながら軍人として育てられた男装の麗人オスカルと、王妃でありながら異国の伯爵と情熱的な恋に落ちたマリー・アントワネットのダブル主人公で、激動のフランス革命を描くこの漫画は、当時の少女たちの心をわしづかみにした。なにせ、いくつもの禁断の恋が、男たちが命と誇りをかけて突き進む革命と共にあるのである。

1974年には、宝塚歌劇団が上演。「ベルばら」は社会現象になっていた。そんなころ、私の高校のクラスでは、世界史が「フランス革命」の章にさしかかっていた。

実は、私の世界史の先生は、父だった。父は、高校の社会科の教師で、私は父の高校へ通ったのである。

父は、私の「ベルばら」を読んでおり、この話題を出して、女子高校生の世界史への関心を惹きつけようと画策したのに違いない。「フランス革命」と、堂々と黒板に書いた後、振り返ってにっこり笑って、こう言ったのだ。「ほら、あれだ、ベルサイユの花」

残念なミスである。クラスは大うけで、授業はいつにない集中力で受け入れられた。しかし、17歳の娘としては、この言い間違いはあまりにも恥ずかしく、頭が真っ白になってしまった。とうとう、フランス革命は、何も私の脳裏に残らなかった。その晩、40代の父親が、高校生の娘にどんなに叱られたかは、読者の皆さまのご想像どおりである。

その父も、数年前、85歳でこの世を去った。

父は、亡くなる3週間前、最後に私の息子と会ったとき、フランス革命談義に花を咲かせた。私と息子が、映画『レ・ミゼラブル』を観た直後だったのだ。

「映画の『レ・ミゼラブル』を観てわかったんだけど、フランス革命って、1回で終わらなかったんだね」と言った孫息子に、「ああ、そうだよ。フランスが手にした自由は、紆余曲折の果てに、おびただしい血を流して手に入れた、凛々しいそれさ。日本人が考える自由とは、まったく違う。実はさ、おじいちゃんの卒論のテーマは、フランス革命だったんだ」と微笑んだ。娘の私にも、初耳だった。

ふと柔らかな声で、父は孫の名を呼んだ。「おまえは高校で世界史をやったかい？」

「やったよ。センター試験の受験科目だった」と孫が答えた。すると父は、「世界史は、不完全な科目なんだ。申し訳ない」とあやまった。

父は、戦後すぐに東京教育大学（現・筑波大学）で国際政治学を学んだ。おそらく、戦後教育の骨格を決めた中枢の大学の一つだったのだろう。世界史の誕生の現場を、父は見つめていたのだ。

「戦後すぐに、世界史という学問がつくられた。しかし、現場の教育学者たちは頭を抱えたのさ。西洋史と東洋史は相容れない。十字軍遠征だって、西から見たら遠征だが、東から見たら侵略だ。一つのことばにもできやしない。そこで、困った学者たちは、西洋史と東洋史をバラバラにしてつなげて、しのいだんだ。いつか何とかしようと言いながら。しかし、戦後60年を超えても、〝世界史〟は未完成のままだ。そんな学問を習わせてしまって、本当に申し訳ない」

父の授業は、たしかに、西洋史と東洋史の融合を図ろうとしていた。秀逸だったのは、父の板書である。

父は黒板の真ん中に横線をすっと引いて、上下2ブロックに分けた。さらにそれを左右に分けて、4ブロックにする。左上に西洋の政治的歴史を、右上に同時期に起こっていた東洋の政治的歴史を、それぞれの下段には、同時期に花開いた文化や特記事項を書き込んでいく。

父は、生徒たちに、必ずノートを見開きにして使い、黒板の位置をそのまま踏襲して書き写すように言った。話の流れによっては、黒板のあちこちへ散らばるように、板書を進めていくのだが、50分後、一枚の絵が完成するように、父の板書は完成する。父は、すべての授業に、物語の展開と板書を用意していたのである。

父の授業を受けると、「世界のそのとき」が迫ってきたものだ。年号や出来事を断片的に知るのではなく。ああ、もっと、真面目に、あの授業を受けていればよかった。余命いくばくもない父の手を握りながら、してもせんない後悔をした。台無しになってしまったフランス革命の時間だけじゃない。理系受験生だった私にとって、世界史なんて受験ツールにもならず、ある意味、息抜きの時間だったのだ。

同じ理系の息子は、祖父の謝罪を、「わかった」と静かに受け止めた。「おじいちゃんのせいじゃないよ」とも言わなかった。そこが、息子のセンスのいいところである。彼は、そのことで、栃木の一高校教師にすぎなかった父が、たしかに世界史創生の中枢にいたこと、闘い続けたことを認めたのだ。

祖父を失った後、息子は、映画『アラビアのロレンス』で有名になったイギリスの大佐トーマス・エドワード・ロレンスの「知恵の七柱」を読み始めた。民主主義を生んだ国の、十字軍の研究家である軍人のことばから、世界の歴史に触れてみようと思う、と彼は言った。

父が、孫息子に残したもの。娘に残したものとはまた違う、大局観のようなもの。

これが、事実上、父の遺言となった。


病院からの帰り道、私は、ふと「ベルサイユの花」と言い放った瞬間の父を思い出した。今の私よりはるかに若い40代の健康な男子である。なかなかのイケメンで、底抜けに大らかであった。この人の娘に生まれたことは、かなりラッキーだったと思う。

もう一度、父に会いたいなぁ。あの晩、あんなに叱ってごめんね、お父さん。

不誠実な娘

父の生前のことである。

ある日、実家の父から、怒りの電話がかかってきた。その少し前に、父に頼まれて、私が送った英語学の専門書が、字が小さくて読めないというのである。

父は、晩年、英語の勉強にいそしんだ。栃木の小さな町で、高校の社会科教師として生きた人だ。定年退職後に始めた英語の勉強は、父の人生に何ら関係のないように思えたのだが、なぜか一途だった。

怒りの電話をかけてきたのは、英語勉強歴14年を経た、83歳のときである。英語力は、受験生の孫息子をはるかにしのぎ、大学受験のテキストを凌駕《りょうが》してしまっていた。物足りないので、英語学の専門書が欲しいと言われ、指定の本をネットで探して、父に送った。その本の字が、83歳の父には、小さすぎたのだろう。

温厚だった父が、珍しく激高して、「きみは、自分で、この本を見たのか。コンピューターでテキトーに探して、送ってきただけだろう。誠意が足りないじゃないか」と声を荒らげた。「自分でこの本を見て、老眼で読める代物かどうか確かめたらいい。今すぐ、こちらへ来なさい。おまえも、人に先生と呼ばれて、こんな半端な仕事をしていたらいかん」と言う。

私は私で、ちょっと腹が立った。80代の老人に読みやすいように書かれた英語の専門書があるわけがない。そもそも、いまさら外国を旅するわけでもなく、論文を書くわけでもない。老人の暇つぶしに、ここまで言われる所以《ゆえん》はない、と思った。こちらは仕事が山積みなのに、今すぐ来いと言う態度にも腹が立った。

なので、私は、ことさら優しい声を出して、こう言ったのだった。「わかったわ。私が悪かった。お父さんにも読める専門書を探して、見つかったら持っていくわね」と。

探すつもりは毛頭なかった。そんなもの、あるとも思えなかったし。父は、そのまま口をつぐんだ。でも、父のことだから、私のこのときの不誠実をちゃんと知っていたと思う。

1年半後、春爛漫《らんまん》の日に、父は85歳の誕生日を迎えた。

その日、父は「腸が、食べ物を吸収しとらん。食べることはもういい」と言い、食事をやめてしまった。

人間の脳とは見事なもので、水分とブドウ糖が供給されなくなると、ほどなく〝脳内麻薬〟と呼ばれるホルモンが出てくる。これらは、恐怖心などの極度の緊張や痛みから、私たちを解放してくれる脳内物質だ。その最期のとき、脳は、とても気持ちよく逝くのだと思う。脳の導きに従えば、逝くことは、何ら恐ろしいことじゃない。

書物で学んだこの事実を、父は身をもって見せてくれた。

飲食を止めた父は、うとうとと幸せそうにまどろみ、3日目の夕刻、静かにこの世を離れた。「舞台の主役に、いきなり抜擢されてまいったよ」と苦笑いしたのが、私にくれた最後のことばだった。父の脳には、人生が、一幕の舞台のように思えたのだろうか。父の逝きようは、脳科学を生業《なりわい》とする娘に、まるで見本を見せてくれたようだった。

その父の遺品に、日本国憲法の英語草案の書があったのである。

ああ、そうか……！　父が、英語に夢中だったのは、これだったのかと、私は胸をつかれた。

父は、17歳で終戦を迎えた。理系だった父が、戦後、東京教育大学の政治学科に進んだのは「この国の背骨を立てるためには、政治を知らなきゃいかん」と思ったからだそうだ。その父は、生涯にわたって、日本国憲法のひずみを案じていた。晩年、自由な時間を手にしたとき、父は英語をマスターして、GHQ草案をちゃんと読もうと決心したのに違いない。読み進めて、その細かなニュアンスを知るために、専門書を求めるにいたったのだろう。なのに、私は、年寄りの暇つぶしだと思って、適当にいなしてしまった。この不誠実を思う度に、涙が溢《あふ》れて止まらない。

男たちはことばが足りず、ときに真実をあの世にまで持って行ってしまう。切ないけれど、脳内麻薬の溢れた父の脳は、このことも許して、この世を去ったのだと思う。「脳の逝きよう」を見せてもらった娘は、自らの脳を信頼して、人生のもう一山を越えていくしかない。

私を、あなたの娘にしてくれて、本当にありがとう。お父さん。

第2章

娘とのコミュニケーション術
「ウザいパパ」にならないための心得

■コミュニケーションには法則がある

先日、セミナー後の質疑応答で、ある男性から質問を受けた。
「女はなぜ、質問にまっすぐ答えないのでしょうか」
——この間、家に帰ったら、妻が見慣れないスカートをはいていた。新しいのかなぁと思って、「それ、いつ買ったの?」と聞いたら、妻がむっとしたように「安かったから」と答えた。うちではよくある展開で、質問への答えが永久に返ってこないし、会話も弾まない。あれは、どうしたことでしょうか。

あらまぁ、と、私は声を上げそうになった。あの重要なコミュニケーションの法則を、この方は知らないのか、とかわいそうになって。

ふと見ると、会場中の男子が深くうなずいている。もしや、この世の男子の多くが、この失敗をしている…?

実は、妻や娘に、いきなり5W1H系(いつ、どこ、だれ、なに、なぜ、どのように)の質問をしてはいけないのである。ご法度と言ってもいい大事なルールだ。

知らなかった？

5W1Hは、脳を迎撃モードに入れる

5W1H系の質問を、私は対話クラッシャー（潰し）と呼んでいる。この質問を受けると、脳は、心の対話のために使う回路を遮断し、問題解決型の回路が強く発火する。いわば、戦闘モードに入るのである。

「それ、何？」「今日、何してた？」「学校、どう？」「宿題やったのか？」「なぜ、これをやらない？」「どこに行くんだ？」「何時に帰る？」……心当たりありませんか？

まさか、家族との対話を、5W1H系の質問と、指図と説教だけで進めていないですよね？

いきなりの5W1Hは、脳を戦闘モードに入れる。妻や娘は、迎撃態勢に入ってしまうの

である。つまり、「(それ、新しいよね)いつ買ったの?」と尋ねたつもりが、向こうには「(俺に黙って)(こんな不必要なもの)いつ買ったの?」に聞こえてしまうのだ。攻撃されたと感じてイラッとし、身を守るために、反撃に出ることもある。

そもそも、女性があえて「それ、いつ買ったの?」という場合は、ほぼ100%「(私に黙って)いつ買ったの?」である。女性は、相手を攻撃するために意図的に「いきなり5W1H」を使うからだ。「それ、どうしてそこに置いたの?」は「それ、邪魔なんだけど」の意味。スマホのアプリを覗き込んで「それ、何?」は、「(ほかにすることあるだろうに)何してるわけ?」である。

娘とコミュニケーションを取ろうとして、「それ、何?」なんて、言ってませんか? 携帯に夢中な娘に、あるいは、見慣れないものを身に着けている娘に。

それって、「勉強もしないで、何してる?」「その変なものは、何なんだ?」と聞こえちゃっているのだ。

男性だって、その気持ちはわかるはず。たとえば、エレベーターで一緒になった社長があなたのシャツを指さして、「それは、何だ？」と聞いてきたら、何かしくじったのかと緊張するはずだ。

人は、決定権を持つ人の「いきなりの５Ｗ１Ｈ」に緊張する。攻撃されたと思って、身を守ろうとする。逆に言えば、５Ｗ１Ｈの質問をして嫌な顔をされたとしたら、権力者だと認められたってことだ。

というわけで、「それ何？」と聞いてくる父親は、その経済力に頼っている娘にしてみたら、本当にウザい。嫌な思いをさせて威嚇しようというつもりなら成功しているが、親交を図ろうとして、それをやっているのだとしたら、それこそ大失敗である。

というわけで、ここからは、父の知らないコミュニケーションの法則について、しっかり学んでいただこう。

ウザい父とウザくない父はどこが違う？

知人が、高校1年生の娘の仲間内で、「ウザいパパ、№1」に選ばれたという。その審査基準は、「あれこれ聞いてくる」度合いだそうで、グランプリになってしまった本人は、「ウザがられるほど、娘に話しかけたりはしていないと思うのですが」と困惑気味だ。

これは、「量」ではなく「質」の問題だなと直感したので、普段娘さんとどんな会話をしているか尋ねてみた。

「学校どうだった？」とか、お洒落してたら、「そのバッグいつ買ったの？」とか、「どこに行くの？」とか、「誰と行くの？」とか、まあ普通のことしか言いませんよ、と彼。

ほらね、やっぱり「いきなり5W1H」である。

対話には2種類ある

対話には、2種類ある。

「心の対話」と「問題解決の対話」である。

「心の対話」は、「気づいたこと（それ、いいね）（カワイイ）」や「感情体験の告白（悲しい、大変、ひどい、嬉しいなど）」から始まり、「共感」で紡いで、「新たな気づき」や「安心感」で着地する。

「問題解決の対話」は、「ゴール設定（どこ、いつ、だれ、なに、なぜ、のように）」で始まり、「問題点の指摘」をしあって、「解決」で着地する。

When（いつ）、Where（どこ）、Who（だれ）、What（なに）、Why（なぜ）、How（どのように）で始まる5W1H型の質問は、この「問題解決の対話」を誘発するのである。

男性脳は、狩りをしながら進化してきたので、脳が、強いゴール指向に初期設定されている。すなわち、目標に一直線で、感情や「目の前のあれこれ」に気を取られないようにチューニングされている。そうしないと、危ないし成果もあげられないからだ。このため、女性よりもずっと、ゴール指向型の「問題解決の対話」を起動しやすいのである。

そのうえ、ゴール指向は、ビジネスの基本。このため、働き盛りの父親たちは、家庭でも、このタイプの対話方式をやめられない。

実は、母親も、子どもにそれをしてしまうことが多い。夫の問題解決型の対話にはかなりムカついているのに、母親は子どもには、それをしてしまうのである。

理由は、日本の子育てが、「ゴール設定」に満ちているからだ。ご飯をさっさと食べさせて、宿題をやらせて、風呂に入れて、翌朝、無事に送り出す……という短期目標。試験に合格させるという中期目標。立派な大人にするという長期目標。いくつもの目標が、私たち母親の前に立ちはだかる。かくして、「宿題やったの？」「学校どう？」「どうして、プリント出さないの！」という、問題解決型の対話だけで、日々が過ぎ去り、いつの間にか息子は大きくなって、家を出てしまう。

これは、実は大問題なのだ。大人になった息子と、楽しい会話ができない。さらに、息子が女性にモテにくい。

あなたが、もしも、そういう母親に育てられ、企業人として優秀だとするならば、使える対話モデルが一方に限られている。今さら母親を責めてもしょうがないので、自分で、もう一方の対話モデルを手に入れよう。

この世には、もう一つの対話方式＝「心の対話」があるのである。

そして、それこそが、娘や妻と、うまく交信するためのプロトコルなのだ。

家族の絆は、心の対話でないと紡げない

「心の対話」は、けっして質問から始めない。

女子会で、親しい友人に会ったとき、いきなり「会社、どう？　資格取れたの？」なんて聞いたりしない。「そのスカート、いつ買ったの？」なんて問い詰めたりもしない。

普通は、「そのスカート、素敵！」と声をかける。すると向こうから「ほんと？　嬉しい。

先週の日曜日、○○で見つけたの。タイムセールで、いきなり3割引きになったから即決しちゃった」と「いつ」「どこ」「なぜ」を一気に答えてくれる。しかも、「○○に行ったの？」「そうなのよ～。それがさ」などと、さらに話が弾むのである。

つまり、「心を通わせるために会った」友人には、いきなり5W1Hの質問なんかしない。なのに、男たちはこれをする。

男たちは何万年も、荒野に出て危険な目に遭いながら、仲間と自分を瞬時に救いつつ、成果を確実に残さなければ、家族を養えず、子孫も残せなかった。となれば、「？」と思ったことは即座に質問し、相手の欠点や「していないこと」を即座に指摘するしかない。けれど、家庭で娘や妻が求めているのは、共感し合うための「心の対話」だ。

もっとも、「マヨネーズはどこ？」とか、「パソコンやスマホは何を買うべき？」「おじいちゃんの法事はどうする？」といった、質問者本人のアクションに直結する話題では、大いに5W1Hを使ってかまわない。

■心の対話を始めてみよう

新型コロナウイルスのせいで、家族で過ごす時間が圧倒的に増えた家庭が多い。一緒にいながら、対話のない家族は寂しい。

とはいえ、5W1Hを封印されたら、お父さんは、娘に、なんて話しかけたらいいのかわからないのでは？

というわけで、心の対話の始め方について。

話の呼び水

心の対話は、「相手のことを尋ねる」のではなく「こちらの話」から始める。私は、「話の呼び水」と呼んでいる。

井戸の水が上がらないときに、バケツ1杯の水を注いで、「呼び水」をする。あれと同じ。

「自分が感じたこと」「自分に起こったこと」をちょっと話す。すると、相手のことばが溢れてくる。それを楽しむのが、コミュニケーションである。

私は、保育園に通っていたころの息子にも、「今日、会社でこんなこと言われてさ。たしかに正論だけど、なんだか、もやもやするのよ」なんていうふうに、自分の身に起きた出来事を「話の呼び水」にして躊躇せずに話しかけていた。「せいろんって何？」と聞かれて、そちらに応えることもあるが、たいていは、小さいながらに頭を絞ってくれる。「おいらも、保育園で、こういうことがあったんだ」なんて。

15歳の誕生日に、「あなたの傍《そば》にもっといればよかった。働くお母さんで、ごめんね」とあやまったとき、息子は優しく微笑んで「次に生まれてくるなら、また働くハハ（彼は私のことをハハと呼ぶ）がいい。一生懸命でカワイイし、何より、外の空気を運んでくれるのがいいよ」と言ってくれた。

「今日何してたの？」「宿題やった？」「明日の用意は？」「プリント出したの？」と尋ねた

くなるのを我慢して、「今日ね、赤坂の○○で」とか、「ハハがこんなに頑張ったのに、社長がさぁ」なんて、話してきてよかった。

心の対話は、私の日常を臨場感たっぷりに彼に伝え、彼もお返しにいろいろ話してくれたし、励まし合ったりもできた。それは、彼が29歳になった今も続いている。

「話の呼び水」を使えば、家族は、きっといつまでも仲良くしていられる。

相手の変化に気づいてことばをかけよう

「話の呼び水」には、３種類ある。「相手の変化に気づいて、ことばにする」「自分に起こった出来事を話す」「相談する」である。

なかでも、「相手の変化に気づいて、ことばにする」は、女ごころに響く。

たとえば、この章の冒頭の「妻の新しいスカート」は、この大チャンスだった。夫は、「新しいスカートだよね。いいね（似合うね）（素敵だね）（きれいだね）（かわいいね）」と言えばよかったのだ。

相手の変化点に気づいて、ことばをかける。これには、以下の4つのテクニックがある。

1、褒める

相手のポジティブな変化点を察知したら、「髪型、変えた？」「なんか、嬉しそうだね」「そのスマホケース、カワイイね」などと褒める。

2、気遣う

相手のネガティブな変化点を察知したら、「元気ないね、大丈夫？」「それ、僕がやろうか？」と気遣う。このとき、ポジティブ変化点と違って、「目の下にクマがあるね」「髪がばさばさだね」というような具体的なことは指摘してはいけない。

3、ねぎらう

相手の状況に気づくのも大事だ。寒い中を歩いてきた相手に「寒かったでしょう?」、買い物から帰ってきた妻に「重かったよね」などとねぎらう。

4、感謝する

そして、相手が自分のためにしてくれたことを察知して、ことばにしよう。「あ、僕の好きなナスのカレーだね」「シーツ換えてくれたんだ」「宅配便、受け取ってくれてありがとう」のように。

注意事項が1つだけある。

思春期の娘は、父親のことが生理的に気持ち悪いと感じているので（その理由は後に述べる）、「変化点に気づかれるのも、勘弁してほしい」事態なのである。

「相手の変化点に気づく」は、11歳ごろまでの娘にはよく効くが、思春期以降は控えたほうがいい。12歳を過ぎたら、残り2つのテクニックを推奨する。

自分の話をプレゼントする

「話の呼び水」の2つ目は、自分のことを話す、である。

自分に起こった、何でもない出来事をプレゼントする。それが呼び水となって、相手が自分の出来事を語り、心の対話が紡がれていく。

本当に何でもないことでいい。

「あそこの土手の桜、もう蕾《つぼみ》が膨らんでいたよ」

「今日は久しぶりにすごい雨だったね」

「今読んでいる時代小説に出てくる料理がおいしそうでさ」

「お昼に麻婆豆腐食べたら、辛くてさぁ。まだ、舌がしびれてる気がする」

「このCMの曲、若いときにめちゃくちゃ流行ったんだよ」とか。

そのとき頭に浮かんだことを言えばいいのである。オチなんか要らない。オチてしまったら、自己完結して、「へぇ」と言われておしまいである。宙に浮いてしまう話だからこそ、相手のことばを誘発するのだ。

女性たちは、この「話の呼び水」が自然に口を突いて出てくる。私自身は、女性脳の持ち主とも思えないほどこれが苦手で、人に会うときには、「今日の呼び水」をあらかじめ思い浮かべたりしている。

「最初の一言で、どんなふうに相手を和ませよう」という画策なので、楽しいタスクだ。ときには、「話の呼び水」代わりに、小さなプレゼントを買って行ったりする。自分のものを買うついでに…くらいの手間しかかけないのだけど。

女の私がこれだけ気を遣っているのに、男性が、何の心構えもなく、妻や娘のいる家に帰ってくるなんて、無防備すぎる。あげくに、「学校、どうなんだ？」なんていう5W1H系質問で、相手の脳を迎撃態勢にしちゃうなんて……くわばら、くわばら。

お父さんたちも、家に帰る前に、ちょっと考えたらいいのに。

とはいえ、「話の呼び水」を使わずに育てた娘に、いきなりこれをしてもスルーされるかもしれない。スルーされたら、第三の手を使おう。

頼りにする

「今度の母さんの誕生日だけど、どのお店を予約したらいいかな」とか「リモートミーティングには、どのアプリがいいだろう」とか「ここに本棚を置くなら、何色がいいと思う？」などと、ちょこっと頼りにするのも効果的だ。

料理をするお父さんなら「カレーの味、見てくれない？」「今日のお鍋、何入れようか」などと声をかけてもいい。

脳は、インタラクティブ（相互作用）で活性化する。すなわち、「自分がすることに、相手が反応する」ことを欲しているのだ。人は、何かをしてもらった相手より、何かしてあげて、それをありがたがってくれた相手に情が湧くものなのだ。

脳の機能性から言えば、親切にされた側の脳より、親切にした側の脳のほうに充足感がより多く残る。親切にされた者より、した者のほうが幸せだし、得である。

私は4歳の息子にも、商品企画の相談に乗ってもらったりしていた。これが幼児なりに、なかなか含蓄のあるアイデアをくれるのである。小学生の彼が出したネーミングが採用されたこともある。

今思えば、私の父も、よく私に意見を聞いてくれたっけ。高校教師だった父は、ときには、テストの採点をしながら、「この解答、どう思う?」なんて意見を聞いてくれた。私は、「この人、こういうつもりで、こう書いたんだと思う」なんて返してたっけ。私の解説のおかげで、点数アップしていた生徒もいた（神に誓って、逆はない。父は救済するつもりのときだけ、私に援護射撃をさせたので）。

どうか、娘さんにも、その充足感をあげてほしい。

彼女がたとえ幼くても、女友達に接するように話しかけ、頼りにすることをすすめたい。「〇〇しなさい」じゃなくて「〇〇したほうがいいと思うんだけど、どうかな」とか、「早くしなさい」じゃなくて「早くしたいんだけど、協力してくれると助かる」とかね。

下の子が生まれたときは、いっそう頼りにする

もし、妹や弟が生まれたばかりなら、父親は、長女との絆をいっそう強くしよう。今までなんでも一番だったのに、急に家中が赤ちゃんを中心に回りだすから、観察力のある女性脳はショックを受ける。赤ちゃん返りをしたり、キーキー騒いで注意を引こうとしたりするかもしれない。

そんなとき、「もうお姉ちゃんでしょ」なんて叱るのは酷である。

本当は、母親が大切な女友達のように遇するべきなのだ。「今から○○ちゃんのおしめを替えるね。お尻ふきを取ってくれる？」とか、「○○ちゃんにミルクをあげようと思うんだ。ミルク作っている間、見ててくれる？」と、一人前の仲間として声をかけ、頼りにすること。しかし、赤ちゃんの面倒を見ている母親には、なかなか、その余裕がない。

そこで、父親の出番である。母親が赤ちゃんにかかりきりなら、父親は、上の子に目を向けよう。彼女の変化にちゃんと気づいて、「どうしたの？」と声をかけよう。何かに失敗し

て、母親に「何してるの？　余計なことしないで！」と叱られている現場に遭遇したら、彼女をさっと抱き上げて、その場から連れ出してあげよう。

ときには、彼女と二人きりでデートをして、「きみが生まれてきたときは、パパとママは、もっと大騒ぎだったよ」なんて話をしてあげてほしい。彼女が小さくて、話を理解しているはずはない、と思っても、ぜひ、そうしてあげて。子どもの言語理解力は、ときに想像を超える。しゃべれなくても理解しているときもあるし、そのまままるっと記憶して、後で反芻《はんすう》することもある。

二人でペアを組み、ママと赤ちゃんをサポートし、出勤前には、「パパがいない間、ママと○○ちゃんをよろしくね」と声をかけて。頼りにされて、感謝されて、娘は「お姉ちゃん」になっていく。それがないのに、いきなり「お姉ちゃんでしょ。我慢しなさい（泣き止みなさい）」と言われても、そりゃ、承服しかねるだろう。

下の子が生まれたとき、パパとペアになった娘は、一生、父親のバディ（相棒）である。そんなチャンスを逃す手はないでしょう？

弱音を吐こう

さて、ここで、とっておきの奥義を一つ。

「話の呼び水」の第二作戦＝「自分に起こったことを話す」の中でも、特に「とほほ」な出来事は、極上の絆をつくることがある。つまり、弱音を吐くのである。

タクシーが道を間違えてぐるぐる回ったとか、頼んだものと違うものが届いたとか、日常の小さな不幸は、いい「話の呼び水」になるので、そんなことが起こると、私はむしろちょっと嬉しくなることさえある。


先日、ある男性に相談を受けた。

2歳、7歳、13歳の3人の子どもがいて、妻は専業主婦で、ママ友が多いタイプじゃないから、毎日家に帰ったら会話をしてあげようとしていると。ところが、毎日、毎日、僕は話を聞いてあげようとしているのに、妻はちっとも会話に乗ってこない。それどころか、あからさまにウザがられた挙句、「一番下の子が18歳になったら離婚する。その日だけを楽しみにしてる」と言われた。僕の努力はどこにいってるんでしょうかと。

一体何を聞いてるのかを質問したら、「今日何してたの？」だそうだ。

「あ〜ぁ」と私は、ため息をついてしまった。子育てと家事に奔走した一日の終わりに、こんなこと聞かれたら、どんなに絶望的な気分になることだろう。「私が朝から、この子たちのためにやったことを全部レポートしたら、2〜3時間かかるんですけど！　何を私に質問してるわけ!?」ってな感じだ。しかも、「今日何してたの？」は、その日のコンディションによっては、責められているように聞こえる、一番危険なセリフなのだ。

たとえば、掃除もできなかったような日にこれを言われると、「おまえ、一日家にいて何してたんだ」に聞こえる。百歩譲って、純粋に「何してたの？」と聞こえたとしても、妻からしたら「それを話したところで、あんたに私の何がわかるの！」みたいな感じだろう。

こんな5W1Hは、即刻禁止だが、かと言って、「話の呼び水」も、裏目に出ることが多い。3人の子育て真っ最中の妻は、心身共に過酷なまでに忙しい。そんな妻に、「今日はきれいだね」とか、「会社のビルの植え込みにタンポポが咲いてた」なんて言ったところで、「はぁ?」と返されるのがおちだ。

彼女と対話したいと思ったならば、ここは弱音を吐くしかない。「今日、部下に、こんなこと言われてさぁ。まいったよ」「電車でおばあさんに席譲ったら、そんな年じゃありませんって睨《にら》まれちゃったよ」のように。

心をつなぐテクニックの奥義は、「弱音を吐いて、なぐさめてもらう」である。

そうアドバイスしたら、質問者の男性は「それでなくても疲れている妻に負担をかけたくない」と眉をひそめた。でもその心配はない。

先ほども書いたけど、脳は、インタラクティブ(相互作用)で活性化する。自分が働きかけることで、相手の何かが変わる、これが最大の快感である。一方的にしてもらうことより、「してあげて、相手に変化が起こる」ことのほうが、満足度が高いのだ。

きずなの中には、きずがある

どこまでも正しく、どこまでも強い、そんなジュラルミン加工みたいなつるんとした男に、女は情なんか湧きはしない。「話を聞いてやる」なんて言われても、マウンティングされたように感じて不愉快なだけだ。

それは、夫婦の間だけじゃない。親子の間だって一緒である。親だから「正しく、強く」いなければいけない、なんていうのは、間違った思い込みだと私は思う。大切な人にだけ見せる弱音は、コミュニケーションの最高のスパイスだと心得てほしい。

親がポロリと漏らす弱音は、人生の味わいを見せてくれる。自分の存在が親を支えているという自負は、子の自尊心になり、心の奥行きにもなるのだから。

オタクになろう

「話の呼び水」がプアになってしまう原因の一つに、無趣味がある。

仕事とはまた別に、「極めていく趣味」があると、仕事で養った目線と、趣味で養った目線が交錯して、いろいろなことばが脳裏に浮かんでくるようになる。

加えて、現代生活では、なかなか「仕事する背中」を娘に見せてやれないけれど、趣味なら、その道を極めた、カッコイイ姿を披露できるのでは？

娘の脳裏に、カッコイイお父さんを、ぜひ焼き付けよう。

今まで好きでやっていたこと、やってみたかったことを、娘のヒーローになるために、始めてみてはどうだろうか。

特別なものでなくていい。語学でも、ギターやピアノなどの楽器演奏でも、囲碁や将棋でも。山登りやキャンプのように、娘が小さいうちから一緒に楽しめるものもいいし、バイク乗りのお父さんなんていうのもカッコイイ。あるいは、あるジャンルの何かにめちゃくちゃ詳しいオタクになるのでもいい。

誰に褒められるためでもなく、お金儲けのためでもない。ただ、自分の好奇心に純粋に従う。そういう姿を見せてあげてほしい。


父親が率先して趣味を持つことは、娘にこの世に複数の価値観・世界観があることを知らせることにもなる。

私の息子は、小学生のとき、下町の碁会所に通って、達人のおじいちゃんたちから、囲碁の手ほどきを受けた。その最初の一局を、私はそばで見ていたのだが、息子に最初の一石を置かせようとした、おじいちゃんの一言に感動してしまった。

「ぼうや、この碁盤は、世界なんだよ。きみは今から世界を征服するんだ。その最初の一歩をどこに置く？」

こんな世界観が、ランドセルを背負って通う学校生活と別にあるなんて、なんと豊かなことだろうと思った。

次章で述べるが、女の子は、自我が肥大して、止まらなくなる。〃世界〃のほとんどすべてが自我に覆われてしまうのだ。思春期の女の子は、下手をすると、他人の目を気にして、自分を見失っていく。

そんな娘に、「ものの見方は一つじゃない、ましてや、世界はきみだけのものじゃない」と知らせてあげたい。今見ている場所がすべてではなく、さまざまな世界へと通じる扉があることを知らせてやりたい。それには、趣味を楽しむ姿を見せてやることだ。

残念ながら、この国の子どもたちの習い事の多くは、趣味とはいいがたい。課題を与えられて、親にお尻を叩かれながら、それをこなして、評価されてなんぼ……それじゃ、学校の勉強と同じ。自我の束縛から解放してやるネタにはならない。

ただただ、自分のやりたいことをする。そのために、プロに習いに行くこともあるが、あくまでも「自分のやり方」を磨くためであり、「誰かに従う」ためじゃない。自分の価値観で没頭することなので、挫折もない。好きなことを持っている人は、精神的にもタフになれる。

そして、その「好奇心に溢れた、めげない姿」が、カッコイイのである。何かの所作が板についているのがカッコイイのだ。

誰かに勝つからヒーローになるわけじゃない。タフでめげないからヒーローなのである。やっていること自体は、ばかばかしいことでもかまわない。いや、ばかばかしい趣味ほど、娘を「世間の価値観」から解放してやれるかも。

たとえば、星の話をしよう

それと、理系が得意なお父さんは、物理学や数学の話を、娘にしてやって欲しい。「アインシュタインの相対性理論」だの「ヒッグス粒子」だの、日常から一気にかけ離れた想念の世界を、誰かに教えてもらえたら、女の子は、「今の世界」から飛び立てることがある。

私は、16歳のある日、素人にもわかる「相対性理論入門書」に出逢った。読書好きの数学の先生が、クラスのみんなに奨《すす》めてくれたと記憶している。

〝絶対〟の極みのように思える時間さえも、相対的である、と知ったときのショックは、はかりしれない。私のものの見方が、一気に広がった瞬間だった。

自分にはこう見えるけど、相手にはどう見えるのだろうか。いや、「自分の価値観」だと思っているものは、「世間の一般論」なのでは？　では、その「世間」は、本当に正しいのだろうか。

どんな瞬間も、私は、常にそう考える。誰かの物言いにむっとした瞬間も、相手の気持ちになってみる。それって違うよね、と感じた瞬間も、その価値観は、本当に正しいのかと立ち止まってみる。その「客観性」を楽しむことが、めちゃくちゃ面白かった。だって、「ひどい」と思った人が、かわいそうに見えてきたり、カッコよく見えてきたりするのだもの。そして、そのことは、私自身を解放した。

私の脳を変えたのは、「相対性理論入門書」の最初の数ページである。たった数ページが、その後の私の人生さえ変えてしまった。文系から理系に転向して、物理学科に進み、人工知能の研究をすることになってしまったのだから。

客観性を、男性脳は獲得しやすい。ものごころついたときから、それがある男子も少なくない。むしろ、「主観」をことばにすることが不得意なのである。

女の子は、「主観をことばにする」ことが、ものごころつく前から得意で、思春期にはさらに自我が増大する。もちろん、それが生殖のために有利だからで、大昔のように「子どもを産むだけの人生」であれば、それでかまわない。

しかし、21世紀の今、女性たちも社会に出て活躍している。自由経済社会の中で、いくつもの価値観をかいくぐって、自分を見失わずに生きて行かなければならない。そんな女性たちの身を守るのが、「客観性」というパワースーツである。

思春期の女子の自我を刈り込んで、「客観性」というパワースーツを着せてやるには、物理学はかなり有効だ。

物理学が苦手なお父さんは、せめて、夜空の星を見上げて、あの星の光が、何万年も前に放たれた光であることを語ってあげよう。ノーベル物理学賞を取った博士の研究なら、マスコミがわかりやすくかみ砕いてくれる。その記事を丁寧に読んで、娘に話してあげよう。

勉強は、何のためにするのか

もちろん、物理学でなくてもいい。父親に教えてもらった株のしくみに、客観性を見出したという友人もいる。世界経済、世界政治、多言語コミュニケーション、そして音楽や芸術。そう考えると、学問というのは、すべて、客観性を獲得するために学ぶのだなぁとしみじみする。

私は、息子の小学校の入学式の日に、彼にこう告げた。「あなたはこれから、いろいろな教科を学ぶことになる。算数（これはやがて数学になるわ）、国語、理科、社会……そのすべては、この世の見方を学ぶことなの。いくつもの見方を学校は教えてくれる。やがて、そのうちの一つか二つで、人は世の中を見ていく。数学を選ぶ人もいるし、音楽を選ぶ人もいるでしょう。けど、小さいうちは、どれがその人に合うかわからないから、学校はすべてを教えてくれるの。ものの見方を豊かにすること。勉強は、そのためにする」

我が家の息子は、典型的な男性脳で、ゴールのイメージが湧かないと、最初の一歩を踏み出せない癖があった。「なぜ、勉強をするのか」をしっかり示しておかないと、十数年にも及ぶ学校生活を無駄にするかもしれない、と、案じたからだ。

誰かに勝つために、誰かに認められるために、誰かに褒められるために、ましてや要領よく偏差値を上げるために勉強をするわけじゃない。ものの見方を広げるためなら、「理解しにくいこと」「苦手なこと」にこそ好奇心を発揮できるし、興味を持ったら、いくらでも立ち止まっていい。「日常生活に役に立たないのに、なぜ、微分なんて、やらなきゃいけないの？」なんていう虚しい疑問を持たなくてもいい。

お受験問題で、こじれたら

「学問」を競争や存在証明のためのツールにしてしまうと、男の子は、競争や責務に駆り立てられて、本質を見失う。女の子は、客観性を手に入れるチャンスを失う。

「お受験」の問題はそこにある。

いい学校に入れれば、上質の環境と、豊かなチャンスと、なんなら（親の）名誉も手に入れる。いいことずくめのようだが、人生のあまり早い時期に、「日ごろの勉強」を「受験勉強」に変えてしまうと、勉強をものの見方の広がりにつなげることができない。

もちろん、「日ごろの勉強」を楽しみ、ものの見方を豊かに広げながら、そのついでに受験して合格する子もたくさんいるのだろうが、「勉強が競争のツールにしか見えなくなる子」もたくさんいると思う。

優秀で美人で真面目な母と娘ほど、後者に陥りがちなので、父親としては気をつけてあげたい。だって、学問や趣味から客観性をもらえなかった女子は、「痛い思い」でそれを養うことになるから。

「社会」や「惚れた男」が、自分と違う価値観で動くことに免疫がないと、仕事や恋の挫折を、津波のようにまともに食らうことになる。「その気のない相手を、その気にさせるすべ」もわからないから、顧客や男子をうまく手のひらに乗せることもできない。何より本人が「いい子」「いい人」であることに縛られて、他者の評価を欲しがりすぎて、自分を見失っていく。

もしも、奥様が「娘にお受験させたい」と主張したとき、あなたの心に、ふと不安がよぎったのなら、「この子はもう少し、勝つための勉強から遠ざけておいたほうがいいのでは」という直感があるのなら、ここまでの数ページを、奥様と一緒に読んでみてほしい。

「戦って、勝つこと」が生来の脳のエネルギーという女子もたまにはいるので、どの子にもマイナスというわけじゃないが、「野の花を摘むように、勉強を楽しめる女の子」なら、きっと親がお受験に駆り立てないほうが、豊かな人生を手に入れられる。

よく、父親が「公立で、のびのびやらせたらいいじゃないか」と言うと、母親が「エスカレーター式の学校に入りさえすれば、後がのびのびできる」と言って、折り合いがつかなくなる。しかし、後者は、「競争社会の中で、最初に勝ち組に入れば、後が楽」と言っているだけで、「学ぶという行為を、競争の論理にしてしまう」ことからは免れない。

したがって、お受験に夢中な妻と娘に、自分の気持ちをわかってほしかったら、「子どもの勉強を、そんなに早く競争の道具にしてしまうことに、僕は胸が痛い。この子は、学ぶことを無邪気に楽しめる、素敵な子じゃないか。学ぶ楽しさを、受験勉強に変えてしまうのはかわいそうだよ」と言ってみたらどうだろうか。

夫が、子どものお受験に、賛成してくれない、あるいは自分ほど熱心になってくれないことを、「育児への無関心」ひいては「自分や娘への無関心」だと感じてしまう妻は多い。

無関心なのではなく、娘の幸せを思っているからこその心配なのだということを、ことばにして伝えなければならない。

「清く、正しく、美しく、賢く」の呪縛から解いてやる

――何かに勝たなくたって、誰よりも優れていなくたって、きみはきみでいればいい。きみが笑えば、お父さんは生きる力をもらえるんだ。そのことにうんと価値があるし、その価値をお父さん以上にわかってくれる人たちに、君はきっと出逢える。人生は、そういうものだよ。

ことばにしてもしなくても、父親は、そのメッセージを伝えるために存在しているようなものだ。けれど、ことばにしておいたほうが無難である。父親の〝背中で見せる〟って、案外、娘には伝わらないので。

お受験に囚《とら》われたり、何かに失敗して傷ついたときに、このことを言ってあげればいいし、そのチャンスがなかったら、高校を卒業した日、二十歳の誕生日、家を出る日に、しみじみと言ってあげたらどうだろう。直接言うのが恥ずかしかったら（そんな長セリフ、覚えられる自信がないと言うのなら）、メールでもいい。

スティーブ・ジョブズは、「教条主義の罠に落ちてはならない」と言った。教条主義とは、宗教や政治や世間体によってつくられた理想に従えという教えのこと。

「世間」という他人のつくり上げた、ものの見方、その理想像にはまろうとしすぎて、自分を見失う。すると、「自分にしかできないこと」がわからなくなり、誰かもっと褒められている人の真似をする人生を生きることになる。それじゃあ、どんなに頑張っても二流にしかなれない。

「自分」の一流になればいい。たまさか、世間が評価してくれたら、時代の寵児《ちょうじ》になるし、そうじゃなくても、充実した人生が送れる。

親は、子どもが「自分の一流」になったら、心から喜んでやればいい。偏差値、結婚、子ども、キャリア？　そんなこと、「世間が決めた評価軸」を、親は決して振りかざしてはいけない。

親の望みどおりにお受験の勝ち組となって、年齢よりも10歳も若く見える、バリバリのキャリアウーマンが、母親に「○○さんのお嬢さんは、もう2人目を産んだのに」なんて言われて、うんざりしたりしている。「世間」で評価する親は、「娘の幸せのため」と信じて、性懲りもなく、一生それをやっているのだ。

「世間」で、娘を評価しない。せめて二親のうちのどちらかは、それをしてあげないとね。

■「思春期の娘」との付き合い方

ここまでは、娘との絆をつくる「心の対話」のためのテクニックについて書いてきたが、お父さんと娘の関係が一気に悪化する思春期の脳についても、知っておくべきだろう。

満面の笑みで、「パパと結婚する」と言って、抱きついてきたあの小さなプリンセスが、ある日、突き刺すような目で父親を見て、うんざりしたようにため息をつく。そのときの父親のショックは、計り知れない。

しかしながら、昨日までの蜜月が嘘のように、急にお父さんが臭くて、ウザいと感じるようになるのが、娘の思春期である。世界中の娘が、多かれ少なかれ、一時期、そうなる。

話しかけられるのもイヤなら、見られるのもイヤ。お父さんの後にお風呂に入るのに抵抗があるし、お父さんのパンツと自分の肌着を一緒に洗われるのもイヤ。咳払いを聞くだけでイライラする……この時期、娘の脳では一体何が起きているのだろうか。

生殖ホルモンのいたずら

思春期は、生殖器官を成熟させるために、実際の生殖期よりも、生殖ホルモンが多めに出ている。この過剰な生殖ホルモンが、娘を変えてしまうのである。

生殖ホルモンは人の意識に強く作用する。男性に多く分泌するテストステロンは、やる気、好奇心、縄張り意識や独占欲、攻撃性に寄与するホルモンで、「男らしさ」の源なのだが、女性にも分泌されている。女性ホルモン・エストロゲンの起爆剤にもなっているため、思春期の女子もまた、縄張り意識や攻撃性が強く出がち。

思春期の男女は、自分の部屋を勝手に片づけられたり、自分の友達をとやかく言われたりすると逆上する。これが、一般に「反抗期」と呼ばれるゆえんだ。

まぁ、簡単に言えば、「かまってほしくない！」「支配されたくない！」という感覚で脳がパンパンなのだ。ちょっとつつけば、それが溢れ出る。父親が、ちらりと見ただけで、腹が立つ、というわけだ。

育て方に失敗したわけじゃない。それが、「生殖能力が成熟するとき」の、一般的な症状なのである。

もちろん、一生続くわけじゃない。遅くとも18歳を超えたら、娘はまた、「父の娘」に戻っていく。

くれぐれも注意してほしいのは、思春期の娘をコントロールしようとして、しこりを残さないことだ。心のしこりが残ると、生殖ホルモンが安定したのちも、元の関係には戻りにくかったりする。

まず、「思春期とは、そういうもの」と、まるっと呑み込もう。尖った目で、うんざりした顔をされたら、「きたきたーっ」と思えばいい。悲しむことはない。

「お父さんは臭い」は、後継者の証

この時期、お父さんは臭い。お父さん自身に問題があるわけじゃないのに、実際に本当に臭い。

これも、生殖能力の成熟に関連した症状の一つだ。

嗅覚は、「遺伝子センサー」でもある。

動物は、異性の体臭から、「免疫に関わる遺伝子情報」を感知し、子をなすのにふさわしい相手かどうかを判断している。

生殖ホルモンが過剰に分泌している思春期には、このセンサーの感度が一時期、とても高くなる。その弊害で、父親が臭く感じられるのだ。

動物は、フェロモンと呼ばれる物質によって生殖相手を取捨選択していると言われている。フェロモンは、生殖ホルモンに連動して分泌される匂い物質で、その匂いの種類が、免疫を制御しているHLA遺伝子の種類と呼応している。つまり、動物は匂いで自らの免疫のありよう（生体としての強さの方向性）を、周囲に知らせているのである。

そのうえで、人は、自分と異なるHLA遺伝子から発せられる匂いに惹かれることが、明らかになりつつある。

HLA遺伝子の型が違う男女がつがえば、子孫の免疫抗体のバリエーションが増えて、二人の遺伝子を残せる可能性が上がる。たとえば、寒さに強い個体と暑さに強い個体が交配すれば、子孫にはどちらの型も混じる。地球が温暖化しても寒冷化しても、誰かは生き残れることになる。

種の保存のために、HLA遺伝子の型が大きく異なる男女ほど、相手の体臭を好ましく思って強く惹かれ合い、HLA遺伝子の型が似ていれば惹かれない。そんなふうに、動物の生殖システムはつくられているのである。

さらに、女性の、ＨＬＡ遺伝子の型の違いを嗅ぎ分けられる能力は、母親ではなく父親から受け継いだ遺伝子に依存しているという。すなわち、父親から受け継いだＨＬＡ遺伝子をもとに、その型と違う型を嗅ぎ分けていると考えられる。

認識の型が完全合致する父親は、この世で最も「ありえない男子」で、その体臭は、この世のどんな男性よりも「ありえない匂い」がするというわけだ。

だから、思春期になった娘が「お父さん臭い！」と言い出すのは、至極自然なことなのだ。

ここに、たしかに、自分の血を受け継いだ者がいる、という証である。

あー、かといって、「お父さん、大好き」のまま思春期を過ごす娘が、自分の子でないのでは？　と心配するのは、早計である。私は、一時期、父が臭い、ウザイと感じたけれど、基本的に私にかまわないカワイイ父だったので、攻撃することもなかった。何度かは、つい邪険にしたり、うんざり顔をしたけれど、おおらかな父はそれに気づかなかった。

父に、「娘さんの反抗期はありましたか？」と、誰かが質問しても、きっと「なかった」

と答えただろう。父と娘の性格によっては、思春期をするりと抜けてしまうこともある。余計な心配をしないように。

傷ついた顔を見せよう

お父さんにとっても、娘にとってもツライこの時期は、いつか必ず終わる。だから、お父さんたちは、「巣立ち、巣立ち」と唱えながら、泰然としていてほしい。

しかし、なかには、本気で傷ついてしまい、うまく乗り越えられないお父さんもいるようだ。

娘が父親を臭いと毛嫌いし、まるで汚いものでもあるかのような振る舞いを続けた結果、父親も娘を無視するようになり、ついに、「大学の学費は出さない。大学に行きたいなら、自分で行け」と言い出した、困りましたというお母さんからの相談があった。

私も、父を臭いと思っていた時期がある。けれど、このことを、あえて、父に言ったことはない。そんなことを言ったら、「万年青年」のような父が、きっと傷つくだろうと思ったからだ。

娘がお父さんに対して、面と向かって臭いと言えるのは、きっと、甘えているから。幼いころのように、お父さんは圧倒的にタフで、お父さんには、何を言っても許されると思っているのだ。

しかしながら、幼い娘が、父の腕に抱かれて、「パパ、きらい」というのと、一人前の女性のような風情を醸し出してきた娘が「パパ、臭い」というのは、まったく違う。ここには、れっきとした〝人間関係〟があり、娘のことばは、父親を傷つける。何度も執拗にそれをやられたら、親愛の情を持てなくなることもあると思う。

だから、こうなる前に弱音を吐いておかなきゃならないのである。

前に、「心の対話の始め方」で、とっておきの奥の手として「弱音を吐く」を挙げた。私の父は、これをしていたのだ。自分に起こった「とほほ」を、ユーモラスに聞かせてくれていた。そのことが、私に父をカワイイと思わせ、「臭い」「ウザイ」を表明するのを思いとどまらせた。

娘に、弱音の一つも吐かず、正しく強く生きてきたお父さんは、本当に立派だと思うけど、残念ながら、絆を一つ、結びそこねている。

ただし、思春期に突入してから始める「父の弱音」作戦は、裏目に出ることも多い（ウザイが倍増する）ので、これはもう少し後にしたほうがいい。

叱ったり、怒ったりしても、これがまた逆効果なので、娘の暴言には、「悲しそうな顔で絶句する」が一番。この時期、父親には、それ以上は手も足も出せない。

母親の出番

しかしながら、父親に平気で暴言を吐く娘は、将来、外でそれをする可能性が高い。相手の気持ちを想定しないで、自分の感情だけで、ことばを紡ぐ。そんな幼女のようなコミュニケーション術で外に出てしまったら、よほどそれが個性として可愛く見えるタイプの女性でない限り、周囲とギクシャクする。

これを機に、目上の人であれ、強く見える人であれ、思いやるということを、教えてやらなきゃいけない。とはいえ、父親には、説教をする隙もない。

というわけで、ここは、母親の出番である。娘が父親に向かって「臭い」と言ったら、それをきっぱりとたしなめるべきだ。「自分の洗濯物をお父さんのものと別に洗いたければ、自分で洗いなさい。お風呂も、さっさと先に入ったらいい。でも、そのことをお父さんに言うのは、お母さんは許さない」と。

大人になったら、ことばは、相手のために紡ぐもので、自分の気持ちを垂れ流すためにあるものではない。たとえ家族にだって、思ったことすべてを口にしていいわけがない。大人になりかけた娘は、そのことを知らなければね。

娘が父親に対して暴言を吐いたら、そこは、母親が悲しまないといけない。「年ごろだから、臭いと思う気持ちはわかる。でも、あなたのことをあんなに可愛がっているお父さんに、そういう態度をとるのは悲しい」と。

家族のカタチ

ここで、一番深く考えるべきは、「家族のカタチをどうしたいのか」に尽きる。「家族のカタチをどう成就したいのか」ということを、父も母も、娘も考えなければならない。

言いたいことを言い合えるのが家族だろうか。臭いお父さんに「臭い」と言っていいのか、更年期で体重が増えてしまったお母さんに「デブ」と言っていいのか、頑張っても成績が振るわない娘に「馬鹿」と言っていいのか。あるいは、社会で頑張る娘に、結婚しないことを案じ、子どもができないことを憂うのは、正しいのか。

そんなことをしていたら、「親の家」は、やがて、一番帰りたくない場所になる。

私自身は、「子どもたちが帰りたい家」にしたかった。頭に浮かんだことを、どうやって口にするか。私は、それに細心の注意を払っている。言いたいことは、我慢せずに必ず伝えるが、その言いように気を配るってことだ。

息子から、保育園のとき、「ママ、嘘をついちゃいけないって、本当？」と尋ねられたときも、「男は優しい嘘をついて生きるものなの。卑怯な嘘はいけないけど」と教えたくらいである。

ちなみに、我が家の夫は、ストレートに言ってもまだわからないタイプなので、こちらには少し厳しくしている。というわけで、家族の個性もあるとは思うが、やはり、家族であっても、頭に浮かんだことをなんでも口にしていいわけではないと私は思う。

将来、娘が帰りたいと思ってくれる家にするために、家族のカタチを整えよう。もっと将来、娘がそういう家族をつくれるように。

ただ、夫婦間のコミュニケーションがそもそもギスギスしていたら、整えようもない。娘を一人前にするには、妻とのコミュニケーションを安寧にしておくこともまた大事である。

社会的事案を親子で語り合おう

思春期の娘との対話について、お父さんに注意点をお教えしよう。

13歳になる少し前に、脳の演算装置が、子ども脳型から大人脳型に変わる。しかし、記憶データがこれに1〜2年遅れて大人脳型に変わるので、14歳くらいの脳は、演算装置とデータに齟齬《そご》があって、混乱している。自分の気持ちがよくわからないのである。

よくわからないから、聞かれればイライラする。「どう思う?」「どうしたい?」は、この時期、酷かもしれない。

娘の気持が聞きたかったら、直接それを尋ねるのではなく、「第三の話題」に振ろう。「小池都知事のコロナ対策をどう思う?」とか、「9月新入学って、実現できるのかな?」「トランプ大統領、どう思う?」みたいな、社会的事案を話題にする。

最初は、考えるのを億劫がってスルーするかもしれないが、「パパは、こう思うんだ」と話してやればいい。やがて、「それは、どうかな」とか「わかるかも」と言い出して、ときには、持論を展開してくれるかも。その中に、娘の世界観が垣間見えて、「案外、しっかりした子だな」と感心することになるかもしれない。

社会的事案について、親と話し合うということは、一人前として認められた気がして、悪い気はしない。父親の質問をスルーしたくせに、翌日、クラスでその話をしている、なんてことだってある。

脳の成長にも、「社会的事案を話し合う」は、一役買っている。

思春期は、分別を担当する脳の前頭前野《ぜんとうぜんや》の成熟期にも当たる。前頭前野は「人それぞれ、立場や見方が違う」とか「カッとしたけど、感情的になっている場合じゃない」とか「遠い目標のために、今の苦労は耐えられる」という感覚を担当している。

この時期、社会的事案を客観的に話し合うことは、そのセンスを磨くことになる。「人それぞれ立場が違う」なんて、家族や友人関係を基軸にその話をすれば、説教臭くてうんざりする。でも、北朝鮮とアメリカの関係性で語るのなら、純粋に議論を楽しめるでしょう?

さらに、理系の成績向上にも役に立つのだ。

中学2年生のある時期、理系の科目が一気に難しくなるときがある。このとき、足りないのは、意外にも計算力ではなく、国語力だといわれている。「文脈」を理解する能力が低いと、微分・積分や、運動方程式が持つ「ものがたり」を理解できないからだ。

ある有名私塾の先生は、生徒が「中学2年の理系の壁」にぶちあたったとき、「親子で新聞を読み、社会的事案について話し合う」ことを勧めるのだという。数学や理科の問題を解く時間を増やすよりも、長期的な好成績を生み出すのだそうだ。

社会的事案を語り合う。なんと、一石三鳥なのである。ぜひ、お試しください。

思春期のダイエットは、命を懸けて阻止しよう

女の子は、初潮を迎える前に、ぐぐっと背が伸び、生理が始まると背が伸びにくくなる。

この「ぐぐっと背が伸びるとき」と「生理が始まったとき」、骨・筋肉・皮膚・血液の材料である「動物性タンパク質」「鉄分」「ビタミン群」がどうしても不足してしまう。タコ焼きを作るのに小麦粉とタコがいるように、身体をつくるときには、これらが要る。そんな当たり前のことなのに、若い女子は、それを忘れてしまうことがあるのだ。

「成長期を終えたモデルさん」と同じ食事をしたら、同じようにすらりとした体型になれるような気がしてしまう。かくして、野菜とヨーグルトと1リットルの水、なんていう「食事」をしてみたりね。しかし、あれは、「170センチの身長と、しっかりした筋肉とほど良い脂肪を手に入れた後の話」である。

思春期は、何はともあれ、しっかり食べなきゃ。

女の子の場合、生理が始まったら、身長を伸ばすチャンスは、非常に少なくなる。さらに、生理が始まってから2〜3年の間に、女性の生殖機能が成熟する。そのとき、女性ホルモンの材料であるコレステロールが少ないと、うまく生殖機能が完成しない。

アレルギーに不妊、メンタルダウンなどなど、若い女性を悩ますあらゆる症状は、思春期の栄養のアンバランスから始まっていることが、圧倒的に多いのである。

すなわち、10代前半の栄養で、「女の人生」の基盤を手に入れるのだ。


というわけで、小学校の高学年から中学生にかけて、ダイエットだなんて、やってる暇はないのである。「痩せたかったら、後から痩せればいい。今、食べないと、一生背は伸びないよ」と、目を覚ましてやって欲しい。

ましてや、ただのわがままで、「肉は食べたくな〜い。パンでいい。甘いデニッシュにしてね」なんて言ってる場合じゃない！！！

韓流スターの多くが、背が高くて（人気ドラマの男優は185センチ以上、女優も170センチに迫る）、肌がキレイなのは、思春期以前からの肉・卵の摂取量が、日本人の若い男女に比べて圧倒的に多いからだと、ある栄養コンサルタントが教えてくれた。

何を食べたらいいかは、私の専門ではないので、ここでは詳しくは書かないが、とにかく、ダイエットと「お菓子やパンで食事した気になっている」のは絶対にダメ。

食事は母親の担当だったとしても、父親も、それくらいは知っておこう。

性格じゃなくて、栄養が悪い

やる気、好奇心、集中力、思考力、想像力、記憶力……これらは、「頑張って、精神力で発揮する力」ではないって、知ってました？

これらは、すべて、脳内ホルモンによって制御されている〝神経信号の働き〟なのである。たとえば、やる気を下支えするセロトニンや、好奇心をつくり出すドーパミン、集中力をつくり出すノルアドレナリン……これらのホルモンがしっかり働いていること、神経信号がしっかり起こること、神経信号が無駄に減衰しないこと。

この3条件がしっかり揃っていれば、「溢れる好奇心と、萎えない意欲と、思いやり」のある女の子でいられる。それが、枯渇すれば、「やる気がなく、だるそうにしてて、突然キレる」女の子になってしまう。

けっして、性格が悪いわけじゃない、実は「栄養」が悪いのである。

脳内神経信号を制御している脳内ホルモンは、その材料が、動物性アミノ酸、ビタミンB群、葉酸。さらに、神経信号が減衰しないように守るのがコレステロールだ。

先ほど言ったけど、「身長」と「生理」のために、女の子は、10代の前半、これらの栄養素を使いまくっている。

だから、食事に気をつけないと、思春期の娘は、性格が悪くなってしまいがちなのだ。動物性アミノ酸、ビタミンB群、葉酸、コレステロールがすべて含まれているのは、「完全脳食」と呼ばれる卵。朝食にぜひ、入れてほしい。肉や魚も、しっかりと。

甘い朝食は、人生を奪う

そして、血糖コントロールを心がけよう。

脳の活動のすべては、化学的な電気信号で行われている、この脳神経信号のエネルギーはブドウ糖である。つまり、血糖だ。血糖がなければ、脳は動かないのである。最低でも、血糖値80は欲しいところ。40を下回ると、脳は活動を停止して、意識混濁状態に陥る。70を下回ると「だるくて、何もかもがうんざり」してくる。60を下回ると、身体が危険だと判断して、血糖値を上げるホルモンを連打してくる。アドレナリンをはじめとする血糖値を上げるホルモンは、「気持ちを尖らせる」傾向が強い。よって、キレやすくなるのである。

低血糖の子は、「周囲に無関心で、だるそうにしていたかと思うと、突然キレる」ということになってしまう。

さて、この厄介な低血糖、実は、「空腹時に甘いものを食べた」せいで起こるって知っていましたか？

空腹時、いきなり糖質の食べ物を口に入れると、血糖値は跳ね上がる。跳ね上がった血糖値を下げようとして、インシュリンが過剰分泌して、一気に下げてしまう。こうして起こるのが低血糖症だ。低血糖は、「空腹時に甘いものを食べる癖」から起こることがほとんどなのである。

朝食は、最も飢餓状態で摂る食事なので、どの食事よりも気をつけてほしい。

血糖値を跳ね上げるのは、白く柔らかいパン、スイーツ、甘い果物など。パンケーキ、あんパン、ジャムトーストなんていう朝食では、あっという間に低血糖に陥ってしまう。

朝食を失敗すると、午前中の授業は、ほとんど身にならない。甘いだけの朝食は、人生をじり貧にしてしまう。もちろん、体質によって、甘い朝食でも比較的大丈夫という子もいると思うが、「甘い朝食」+「成績が振るわない」「キレやすい」などの症状を伴うのなら、見直してみよう。

朝食は、サラダや野菜の味噌汁、タンパク質（卵、ハム、焼き魚、納豆など）、そしてご飯かパンなど、栄養素を満遍なく摂る、が理想的。時間がないときは、せめて、卵かけご飯にして。

知人の男性が、コロナによる緊急事態宣言で家にいる間、家族のために朝食を作り始めたと話してくれた。これまでは、毎晩帰りが遅く、娘が登校してから目覚めていたが、一緒に朝食を摂るようになって、思春期の入り口にいる娘とも会話が弾むようになったという。

思春期の娘の脳と身体を守るために、人生の数年くらい、お父さんも朝食づくりに参加してもいいのでは？

せめて、休日だけでもお父さんが朝食を作ってはどうだろう。

■大人になった娘たちのこと

娘の思春期をなんとか無事に通り過ぎたお父さんにとって、次の心配のタネはボーイフレンドだろうか。

よくよく考えてみれば、今の世の中で、娘が結婚して困る相手というのは、ほとんどいない。昔、女性が稼ぐことができなかった時代なら、稼げる夫か、稼げない夫かで、娘の運命が大きく違った。しかし、今は女性も仕事をして稼げる時代になったのだ。

「私はダメな男性しか好きになれない。どうしたらいいでしょう」という相談を受けることがある。時間にルーズ、仕事をすぐに辞める、そういう男ばかり愛してしまうというなら、ほどよきところで覚悟を決めなさいと伝えている。

自分が、家族を養えるだけの経済力を身につければいい。自分で家を建て、自分で車を運転し、自分で子どもを守る。それができる時代なのだもの。

ただし、ギャンブル（娯楽を逸脱したレベルのそれ）・酒・ドラッグにはまる男と、暴力をふるう男だけは、どんなに好きでも捨てなさいと、付け加えてはいるけれど。

女が、自分の力で幸福を手に入れられる時代、多少情けない男を連れてきたって、あわてることはないでしょう？

結婚しないという選択肢

先日、ある60〜70代向けの雑誌の人生相談を頼まれた。

——38歳の娘が公務員で、独身を謳歌《おうか》している。結婚する気がない。どうするつもりなのか、問い詰めようにもするりと逃げられて、家にも帰ってきてくれない。どうすればいいでしょう（70代男性）という相談だ。

娘は時々海外旅行に行ってはお土産を持って家にやってくる。今はいいが、こんな生活をしていて、将来どうするつもりなのか聞きたいのだけれど、問い詰めても答えてくれない。するりと自分の部屋に入ってしまう。娘が心配で心配でしょうがありません、と質問文は続いていた。いくつになっても父親は娘が心配なのだ。

私は、こう答えた。——娘さんの何が心配なのでしょうか？　自分で稼いで、自分のお金と時間を自分のために使って、充足する人生と、育児と家事に追われてる人生と、どっちが幸せかは、本人以外、誰にも決められない。娘さんがその人生を選んで幸せそうにしているのなら、何を心配するのでしょう？　心配すること自体が不要です。今後、お嬢さんと楽しく会話をしたり、家が居心地がいいと思ってもらうには、「将来どうするんだ」とか「何をするつもりなんだ」とか、そういうことを聞いてはいけません。

娘が一人年老いていくのが心配なのだとは思うが、公務員だったら、たくさんの退職金をもらって、お一人様用の高齢者向けマンションにちゃんと入れる。しかも自由なお嬢さんなら、「子育てが忙しくて、親の面倒は見られない」ということにもならないから、父親の介護が必要なときも、的確に動いてくれる。考えようによっては、ラッキーなのでは。

娘を無事に大人にしたら、ただただ居心地のいい父でいたほうが得策だ。「家に帰りたい」と思ってもらえるのが一番である。「この男は気に入らん」「結婚しないなんて、どういうことだ」なんて詰め寄ったって、娘の人生は、何ら変わらない。

そう考えると、思春期に「社会的事案」を語り合ったり、ともに朝食を食べているうちが華。娘が大人になるのは、案外あっという間である。お父さんたち、どうか、子育てを楽しんでください。

第3章

父は覚悟を決めなければならない 娘を一人前にするためのトリセツ

■「自分」が大好きな女の子

本書『娘のトリセツ』の目的は、単に、娘のご機嫌を取ることだけではない。父と娘という、なんなら妻と夫よりも縁の深い男女のコミュニケーションをうまく開通させることで、娘の脳を成熟させて、幸せをつかめる女性に育て上げる。それが、この本の最終目的である。

だって、父の願いは、2つあるでしょう？　1つは、娘とうまくコミュニケーションが取れるようになること。2つ目は、娘の幸せ。

というわけで、ここからは、娘の幸せについて、お話ししようと思う。

あなたは、娘にどんな人生を歩んで欲しいと願っているだろうか。

豊かなチャンスに恵まれ、美しく賢く、誰からも愛される女性になってほしい？　愛に飢えず、お金に不自由しない、平穏無事な人生を送ってほしい？

しかし、女の幸せは、そんな単純なものじゃない。あなたの自慢の娘が、美しくて、頭も性格もよく、才能に溢れていても、幸せになれるとは限らない。むしろ、すべてに恵まれている娘ほど、生きづらさを感じていたりする。

父親には理解しがたい、その生きづらさをもたらしている、大きな原因の1つが「肥大した自我」である。

女性脳は、自分の周囲をつぶさに観察するのが得意。男性脳は、遠くにあるものや、動くものに興味がある。これは、赤ちゃんのときから、鮮明に表れる。

男の子に比べて、女の子は、周囲への観察力や共感力が圧倒的に強い。あやせば笑い、褒めれば嬉しがる。ミニカーに夢中になって、声をかけても振り返らない息子に比べて、なんて愛らしいのだろうと思ったのではないだろうか（女親は、この「何かに夢中な息子」が愛しくてしかたがないのだけどね）。

自分と周囲への観察力の高さゆえに、女の子は4歳くらいで一人前の自我を持つようになる。自分がどうしたいのか、何が嬉しいのか、何が嫌いなのか。自分がどう振る舞えば、周囲が喜ぶのか。男性が大人になっても、うまくことばにできないこれらの「主観」が、しっかりと確立されている。

幼い娘が鏡に映る自分の姿をうっとり眺めていたり、父親の歓心を買おうと甘えるさまを見て、「小さくても、女だな」と感心することがあるかと思う。これは誰かの真似をしているわけではなく、女性脳のなせるワザだ。

周囲を舐めるように見て、目の前のものをつぶさに観察する傾向を持つ女性脳は、自然と自分の近くにあるものに興味が集中する。このおかげで、将来母親になれば、自分の子に意識を集中することになるのだが、成長期に一番気になるのは、視野の中心にいる「自分」なのである。

お気に入りのぬいぐるみや人形を自分の身の回りに置いて会話し、胸に抱きしめながら、「自分の感覚」を味わっている。プリンセスに夢中なのは、自分を投影するから。美少女戦士は、「強くて、正義の味方」だから憧れるのではなく、「かわいくて、キラキラしてる」から憧れるのだ。女の子にとって、「強さ」もまた、自分をキラキラさせる、飾りの一つ。女の子は、本当に「自分」が大好きなのである。

「自分」を見ない男の子

一方、男子が「自分の思い」をことばにできるようになるのは、思春期以降だ。代わりにこちらは、客観性を、早くから持ち合わせている。

生まれつき空間認識力が高い男性脳は、距離や位置関係の把握に敏感だ。その昔、地図も標識もGPSもない時代に、荒野に狩りに出て、再び洞窟に戻ってこられたのは、見渡す限りの空間を、一気に把握する能力を持っていたからだ。その力は、今の男性脳にも受け継がれている。

男の子は、生後8か月でおよそ3メートルの鳥瞰《ちょうかん》（上から見下ろす仮想目線）があると言われている。まだハイハイをしている時点で、すでに男性脳は、3メートル上空から自分のいる場所を眺めるような仮想目線で世の中を把握しているということになる。8畳間くらいのリビングなら、その全体のかたちや、置いてあるものの位置関係を把握し、自分が全体の中のどこにいるのかを意識しながら遊んでいる。ほどなく、自分より高い位置や、メカの三次元的な動きに目を奪われるようになり、ショベルカーのショベルが上下に動く工事現場や、自動車、電車に夢中になっていく。

小学生になれば、公園を真上から見た、滑り台が展開図になっているような構図や、ショベルカーを斜め上から見たような視点で絵を描いたりする。同世代の女子が、皆一様に、スナップ写真のような絵を描いているのに。

「遠く」や「動くもの」に照準が合いやすい男性脳は、自分よりも「車」や「電車」に興味を持ち、やがて「世界」が興味の対象になり、6歳にもなれば、その思いは宇宙まで届く。

あなた自身の幼少期を思い浮かべてもらえばいい。車やプラモデルに夢中になっても、自分に夢中になったことはないはずだ。宇宙や昆虫に心奪われても、自分を飾る道具（服や装飾品）に心奪われた記憶はないはず。

それが脳の性差だ。生殖戦略に基づき、男子は「狩りに出て、世界征服をするために必要な感性」を、女子は「自分と愛するものを守り抜く感性」を、優先して成長させる。

なぜ、女性にとって自分が大事かと言えば、哺乳類の生殖において、メスは、自らの健全が、生殖の大前提だからである。なぜ、美味しいものが大好きで、気持ちいいものに目がないかと言えば、「豊かな栄養と心地よい恵まれた環境」こそが、生殖に有利だからだ。

女の子の、「自分大好き」と「誰よりも大切にされたい思い」は、単なるわがままじゃない。生殖本能に基づいた、生物としての正しくかつ激しい欲求である。

それをうっかり増大させすぎてしまうと、そのあまりの我の強さに、本人自身が苦しむことになる。自我の刈り込みこそが、女性脳育ての大テーマなのである。

いい子ちゃん症候群

「自分」にスポットライトを当てて生きるのは、かなりつらいことだ。

私はよく、新人教育で、「こうなりたい」を目標にしてはいけない、「こうしたい」を目標にしなさい、とアドバイスしている。「素敵なキャリアウーマン」「イケてる実業家」なんて、夢を描いてはいけない。目指すべきはプロフェッショナリティだ。

「こうなりたい」すなわち「素敵な自分」が目標だと、失敗したら、世界の終わりである。誰かに叱られたら、一気に落ち込んでしまうことになる。

「こうしたい」すなわち「世界一の接客術を開発する」だの「業界初の○○を作りたい」だのが目標なら、失敗しても、「自分の目標は高いんだなぁ。まだまだだ」と思える。誰かに叱られたら、「どうすれば正解だったのか」が気になって、落ち込んでいる暇なんてない。

「素敵な自分」を目指して生きると、人の評価に一喜一憂しているうちに、仕事を愛することもできないまま日々を重ねていくことになる。それじゃ、「自分にしかできないこと」にも出逢えないし、「自分だけを愛してくれる人」にも出逢えない。

自分にしかできないことを見つけ、プロとして活き活きと活躍する友人や、運命の人に出逢って愛し愛されている友人（自分のほうがカワイイのに）を横目に見ながら、半端な人生を歩いている自分が虚しくなっていく。仕事も思ったように成功しないし、いい男も見つからない。

それが、世にも恐ろしい「いい子ちゃん症候群」である。

美人で、賢い女の子ほど、その泥沼に陥りやすい。幼いころから、親の期待に応えて生きているうちに、「褒められる、素敵な自分」が人生の目標になってしまうからだ。

あなたの周りをちょっと見回してみてほしい。こんな女性はいないだろうか。

・自分のことを延々と話す。
・被害妄想が強く、愚痴が多い。

・「持っている」ものよりも、「持っていない」ものに意識が集中して悲しむ。
・ちょっと失敗しただけで、過剰に落ち込む。
・自分の意見が受け入れられないと、ひがむ。
・ちょっとつまずくと、「もうやらない」と投げ出す。
・自慢話が多いので、自信満々かと思えば、ひどく傷つきやすい。
・雰囲気のいい静かなバーやカフェで、大声でしゃべる。
・話し出すと夢中になって、周りが見えなくなる。
・自分に与えられた時間の尺がわからない。
・相手の話を取ってしまう。
・急に怒ったり、不機嫌になる。

以上はすべて、いい子ちゃん症候群のもたらす弊害である。

本人が生きづらいだけでなく、彼女に関わる人も結構つらい。

本人は、「周囲に認めてほしくて、一生懸命生きているのに、(自分が望むように) 周囲に認められていない」という飢餓感に苛まれている。

■娘の自我のリストラは父の役目

１９７０年代に、「大草原の小さな家」というアメリカのTVドラマがあった。西部開拓時代のアメリカを舞台に繰り広げられる、開拓者一家の愛しい日々の話である。

一家の子どもたちが大人になるまでの、８年にも及ぶ長いドラマだが、私には忘れられない一話がある。

主人公のローラには、美しくエレガントな姉がいる。思春期を迎えて、ますます輝きを増す姉に、自分が密かに心を寄せる男の子がぽうっとなっているのを見たローラは、姉のような女の子を目指すようになる。

女らしい振る舞いをしたり、胸に詰め物をして、姉のドレスを着てみたりするローラを、しばらく見守っていた母親が、ある日、ローラを諭すのである。「あなたが、あなたじゃない人のふりをしていたら、あなただけを愛する人は、どうやってあなたを見つけたらいいの?」

姉の真似をしても、ちっともうまく行かずに落ち込んでいたローラが、このセリフで自分を取り戻し、彼女らしい素敵な少女になっていく。スレンダーで、お転婆でおちゃめな彼女は、姉とはまた違った意味で、人々を魅了しだすのである。

このエピソードは、当時思春期だった私にも突き刺さった。誰かの真似をすること、誰かの理想を生きることは、人生の目的じゃない。そうしっかりと自覚した、人生最初の出来事だった。

それにしても、このお母さんのセリフ、素晴らしすぎる。女の子の親の真の役割、ここに極まれり、じゃないだろうか。

かえりみて、今の日本のお母さんは、「娘を理想像に押し込めたがる」傾向が強いように見受けられる。成績がよく、お行儀がよく、習いごとにもテキパキ通う、誰もがうらやむ娘であってほしいと願う。あるいは、仲よしの女友達のように、夢を共有する。「素敵な自分」を実現する夢だ。

早めに、親の期待を裏切ればいいのだが、期待に応えられる娘は、母親の餌食になってしまう。お受験の次は就職、就職の次は結婚、結婚の次は孫、やがては孫のお受験……と、母から娘への要求は果てしない。

これじゃ、娘の自我を何とかしてやるどころか、母親の自我に呑み込まれてしまう。

21世紀の日本の女の子たちが、ローラのように、自分らしさを素直に愛せるようになるのには、父親の助けが必要である。

では、父親は、何をすればいいのか。

まず、娘を無条件で愛する

父親は、まず、十分に娘を愛すればいい。何か特別なことがなくても、彼女を見つめて、嬉しそうにしてあげればいいのである。彼女のことばに耳を傾け、共感してやり、カワイイ、愛してるよと告げたらいい。いくらでも。

父親が、娘を甘やかすから、我の強い娘になると思われがちだが、それは大嘘だ。女性脳は、そんなふうにはできていない。

ただし、父親の愛が何かのバーターなのは、絶対にいけない。「いい子だから」「成績がいいから」「頑張ったから」いい顔をし、そうでないなら無関心でいる。そんな父親に育てられたら、娘は、「父親の評価軸」をクリアすることに躍起になってしまう。そうして、学校へ行けば先生の、会社に行けば偉い人の歓心を買うことに腐心することになる。それこそ、いい子ちゃん症候群の真っただ中に、娘を追い込むことになってしまう。

娘への愛は、無条件でなくては意味がない。そこに娘がいるだけで愛おしい。その気持ちを、ただ、ことばや態度にすればいい。

男性脳は、客観性の高いゴール指向型なので、「自分」ではなく「成果」を評価されたいという欲求がある。「成果」があってもなくても、同じ態度でいられると、モチベーションが上がらない。勇敢に戦って、お姫様を助けた勇者と、ただ怖がって隠れていただけの愚か者が、平等にお姫様にキスをされるのでは、納得いかないでしょう？

しかし、女性脳は「成果」ではなく「自分」を認めてほしいのだ。「成果」があってもなくても、きみが愛しいと言い続けてほしい。

男性脳の論理で、娘のモチベーションを上げてやろうとして、「成果」を褒め続けると、娘は、愛の飢餓に陥ってしまう。

娘は、思う存分、可愛がればいい。けっして何かのバーターではなく、無条件で。

それが、娘の自我を刈り込む前の、前提条件である。

次に、「娘が一番ではないこと」を知らせよう

こうして、無条件の愛を注ぎ、父と娘の関係を盤石にしたうえで、父親は、「この家の一

番は妻（娘にとっては母親）」であることを、キッパリと知らせよう。「自分が一番ではないこと」を、「両親が仲よしである」という幸福な事実と共に知ることは、娘の肥大する自我を、幸せに刈り込んでやれる、唯一の方法だと私は思う。

早くから「自分」に意識が集中している女の子の自我は、思春期に極まる。自分の前髪を短くしすぎてしまったくらいで、「世界の終わり」のように感じられる。学校になんか行きたくないし、何なら、死んでしまいたいくらいだ。

それは、とにもかくにも、脳が感知する「世界」のほとんどが「自分」で占められているからにほかならない。

「世界は、私だけのものじゃない。世界中が私を見ているわけじゃない。世界から見れば、私は案外ちっぽけな存在で、いてもいなくても、変わらないくらい。もっとリラックスして世界を楽しめばいいんだわ」とわかるには、この世に、自分よりも尊重されている人間がいると知ること、そして、そのことを素直に喜べることが大切だ。

父親が母親を大切にすることは、だから、娘の自我のリストラに大いに効果があるのである。

「活躍する自分」を目指してはいけない

第1章で、小学校5年生のときに、母と喧嘩した私に、父が「この家は、母さんが幸せになる家だ。母さんを泣かせた時点でお前の負けだ」と言われたことを書いた。

父にピシャリと言い切られたことで、「世の中は、自分を中心に回っているわけではないのだ」という感覚がストンと腹に落ちた。

「家」は、私のステージではなく、自分はパーツの一つにすぎない。けれど、重要なパーツであって、そのことを誇りに思える。そんな感覚を、ネガティブな感情ひとつなく、幸せに手に入れたのである。

その「家」を「会社」に置き換えれば、企業人としての心構えができあがってしまう。

「家」を、自分が主役を張るためのステージだと思ったまま大人になってしまったら、「会社は、自己実現のステージ」、目標は「活躍する自分」になってしまうのではないだろうか。

私自身は、「活躍する自分」を思い浮かべたり、「素敵なキャリアウーマン」になりたいと思ったことは一度もない。ただただ一人前の職人になりたかった。私が若かったころ、日本はまだ技術後進国だったので、目標はいくらでも立てられた。いつか、日本ならではの人工知能をつくりたい。それしか考えていなかった。失敗してもヘマをしても、目標は燦然《さんぜん》と輝き、そこにある。だから、自分はまだまだだと、逆に闘志が湧くだけだった。

「活躍する自分」を目標にしてしまうと、失敗したら世界の終わりだ。だって、テーマが自分なのだから。

それじゃ、承認欲求は、どうしたって強くなってしまう。常に誰かが褒めてくれて、チヤホヤしてくれないと、不安になり、仕事にダメ出しされただけで（修行中なら当たり前なのに）、人格を否定されたような衝撃を受けるに違いない。そして、自分より周囲の評価が高い人が出現すれば、妬《ねた》むし、僻《ひが》むことになる。

優秀な美女ほど、妬むし、僻む、というパラドックスがある。妬み僻みは、「競争」の俎《そ》上《じょう》にない者には訪れない。「一番を目指す者」が、そうなれないと知ったときに、それらは最も強く起こるのである。

自らつくり出す病

自分に強く意識が向く人は、どんなに綺麗で賢くても、いや、むしろ綺麗で賢いほど、コンプレックスに捉われやすい。コンプレックスの根本にあるのは、完璧主義だからだ。

「私なんか、全然ダメ」としり込みする人には、「本来の自分はもっと素晴らしいはずだ」という思い込みがあるような気がする。「完璧な自分」からの引き算をしているから、ここぞというとき、自分の評価が低くなるのだ。それは、謙虚さではなく、むしろ傲慢なのでは？

「理想の自分」が受けるべき敬愛を、自分は受けていないと感じるために、周りからの反応や評価にいつも不満で、常に飢餓感を抱えることになる。

「夫源病《ふげんびょう》」ということばがある。

夫の、思いやりのない言動がきっかけで、妻に動悸やめまい、吐き気、強い不安感、イライラなどの症状が出る。ひどくなると鬱《うつ》症状を呈することもあるという。新型コロナウイルスの感染防止による自宅待機で、この「夫源病」が再注目されているらしい。

ただ、この夫源病の原因となる夫の所業を聞くと、多くの場合、それほど悪いことをしているようにも思えない。病気で寝込んだ妻に、「外で食べてくるから大丈夫」と外食する夫(私のことなんて、考えてもいない)。外出する妻に、「どこに行くんだ？　何時に帰る？」と聞く夫(外出するのが気に入らないってことね)。……それって、恨むほどのことだろうか。

前者なら、「帰りに、何か美味しいものでも買ってきてね」と言えばいい。後者なら、「ちょっと、その辺まで。何時になるかわからない」と言っておけばいい。

「おかず、これだけ？」には「そうよ。足りなかったら、ふりかけもあるけど？」と明るく言えばいい。「一日家にいて、これだけかよ」と解釈する必要はない。

夫が原因というより（たしかにコミュニケーション能力が低く、無頓着すぎるとは思うけど）、むしろ、妻が〝良妻〟であろうとしすぎて、自分の首を絞めているようにも見える。

完璧な妻を目指すから、夫の無頓着な発言が、皮肉やマウンティングに聞こえるのでは？「主婦は家にいるもの」と自分で思い込んでいるから、夫の質問が、刺さるのでは？

料理上手で、きれい好き、センスもよくて、しっかり夫を支える「素敵な奥さん」。そんな自分が好きで、そのための努力を惜しまない。褒められれば、さらに褒められたくて、無理を重ねる。

親の歓心を買おうとして努力していた、その構造のままに、家族や世間から認められたくて、無理を重ねる。その心の糸が、ある日、夫の発言で、ぷっつりとキレてしまう。

これを病と呼ぶのなら、自意識の強さによって生じる〝自源病〟だ。

たしかに、本人にしてみれば、「良かれと思って、一生懸命にしている私の努力」に対し、

「夫がわかってくれない」「子どもが言うことを聞かない」「上司が認めてくれない」「親が感謝してくれない」というふうに見えるのだろう。実際にやっていることは「良い妻」「賢母」「素敵なキャリアウーマン」「良い娘」のモデルそのものなのだから。

しかし、これもいい子ちゃん症候群の一つ。自我をコントロールできなくて、人生という海で漂流してしまう。父親の責任は、重い。

■妻ファーストを貫こう

昔の父親たちは、娘たちに「身の程を知りなさい」という教育をした。我が家の身分を知りなさい、そのうえ、女のくせに、である。社会学的には問題があるこの発言も、「自我のリストラ」という観点では、悪くなかったのかもしれない（もちろん、最善の手ではないけれど）。

現代のリベラルな父親たちは、「いい子」という評価軸で、娘をチヤホヤする。この「成果主義」が、女の子の自我を肥大化させている。

とはいえ、娘と恋人か友人のような関係を築いている平成、令和の父たちに、「身の程を知れ」は今さら言えまい。現代の父が行うべきは、覚悟して「妻をえこひいきすること」だ。成果主義を止めて、存在そのものを愛する。その一方で、「娘が一番じゃない」と身の程を知らせる。父親が可愛がるべきなのは自分の妻であって、まずは、妻の女性性をしっかり認め、受けとめなければならない。


最初に徹底すべきは、妻ファーストだ。寿司屋のカウンターに座るときも、父は母の席を決めて座らせて、その隣に自分が座って、両側に子どもを座らせる。レストランに行くなら、それがファミレスでも、妻を奥のいい席に座らせて、それから自分の場所を決めて、最後に子どもを座らせるべきなのだ。

最近の父親たちを見ていると、「ほら、ここ、○○ちゃん座って。パパはここね」と、娘をまるでお姫様か恋人のように扱っている。可愛いのはわかるけれど、娘ファーストになってしまってはダメ。冷静になって、まず、家族のありようをきちんと構築するべきだろう。

そもそも、レストランに行って子どもを先に座らせるなんて、欧米ではあり得ない。20年ほど前、小学生の息子を連れてヨーロッパで3週間ほど仕事をしたことがある。レストランでは、4歳くらいの男の子でも先におばあちゃんが座り、母親が座るのを見届けてから自分が座っていた。男の子は、絶対に女性が座るまでは座らない。これは見ていて本当にカッコイイ。コンサート会場でも、おばあちゃんが座り、お母さんが座り、それから安心して自分が座る。女性の間でも、年上から先に座らせるから、若い女性も最後まで立っている。

それは、家族のカタチをつくるための、最初に父親が教えるべき大事なルールだ。子どもが先にワーッと走って行って、「ここに座る!」みたいなことを許してはいけない。

妻の悪口を言わない覚悟

娘と父親は、半分遺伝子が一緒だからなのか、母親(妻)に対して、イヤだと感じるところがよく似ている。

「お母さんて、ああいうところがだらしないよね」とか、「ああいうところが感情的でイヤだよな」というのが、共通している。「そうそう、わかるわかる」と、互いに結託して、チームになってしまうと、気持ちがいいし、娘との絆も強くなる。

娘の教育のために、あえて妻を反面教師に使っている人もいるだろう。してはいけないことを、娘に知らせるいい機会として。

しかし、そこは、踏みとどまらなければいけない。娘の男性観が卑しくなってしまう。娘の脳に、「男は、隙あらば、妻の粗《あら》を探している生き物」だと刻印されてしまったら、娘は無邪気に夫を信じられなくなる。ことばの一つ一つを裏読みして、傷つき、果ては「夫源病」という名の「自源病」に陥ってしまう。

しかも、そのころには、父親は「ひどい男」の代表になっているから、夫と共に忌避されることになってしまう。

娘に、無邪気な幸せをあげたかったら、一人前の女性になった彼女といい関係を築いていたかったら、日常的に妻の悪口を言ってはいけない。

妻をえこひいきする覚悟

妻と娘がもめたときこそ、妻をえこひいきするチャンスである。

何があっても、妻の味方をしてね。


そもそも、母と娘というのは、ストレスフルな関係だ。

女性脳は、半径3メートルを制している。見るというより、触手で触るように、自分の周辺を感知して、わずかな変化も見逃さない。自分の空間を勝手に触られると、その良し悪しにかかわらず、イラッとする。そういう本能を持っている。

母と祖母（母の姑）は、砂糖と塩の置き方をめぐってず〜っとやりあっていた。信州で一人暮らしをしていた祖母は，冬場だけ畑を休ませて、私たち家族と同居していた。母の家に居候している態《てい》なので、祖母はうるさいことは何も言わないのだが、一つだけ、塩と砂糖の置く位置が気になったらしい。祖母が後片付けをすると、塩と砂糖の位置が逆になる。母は次に料理をするときに、一言も言わずに元に戻す。また、祖母が逆に置くというのを延々とやっている。

たぶん、最初は、祖母が調味料置きの台を拭くときに、つい自分の台所と同じ並びにしてしまったのかもしれないが、延々とやっている以上、いつからか「戦い」になったに違いない。

一つの家に女が二人いれば、互いの自我が、ふとぶつかり合って、理屈抜きにイラッとすることがある。たとえば、花の活け方一つ気に入らない、なんてことになってしまう。「花の活け方」自体が悪いわけじゃない。自分の思いと違うというだけで、がっかりするのである。たとえ、その活け方が「池坊流直伝」だったとしても。

これを正義で裁こうとしても、一向に埒《らち》があかない。「この活け方、美しいじゃないか。彼女、センスがあるよ」なんて口を挟んだら、地獄が待っている。

嫁姑だけじゃない、母と娘にも見えない結界がある。だから、妻と娘が揉めたときに、その理由を真摯に追究しても、意味がないのだ。

妻が娘の愚痴を訴えたからといって、別に妻は夫に娘を叱って欲しいわけではない。ましてや、なだめるつもりで「〇〇（娘）も別に悪気じゃないんだから」なども言って欲しくなんかない。あくまでも、妻の味方をしながら、優しく話を聞いてくれればいいだけなのだ。

ただ、ときとして、〝味方の仕方〟が男性脳には難しい、男性脳は、この世を「いい」「悪い」の正義で裁きたがる。だから、なかなか、妻の味方ができない。

妻に「あの子の言うことも一理あるよ」なんて言ってみたり、娘の話に「そうなんだよ！そこが母さんの悪いところなんだよ」なんて、ここぞとばかりに尻馬に乗ったりしてしまいがち。「でもまあ、お母さんの言うことも聞いておけよ」なんて付け足したところで、それはえこひいきにはならない。

私の父は「この家は、母さんが幸せになる家だ」「母さんを泣かせた時点でおまえの負け」を使ったが、タレントのヒロミさんは、息子に「俺の女になんて口を利くんだ」と怒るそうだ。

どちらが正しい、どちらが間違っているか、ではなく、「俺の女になんて口を利くんだ」とは、なんたる説得力。妻から見ても、息子から見てもすごくカッコイイ夫であり、父親に違いない。

正義で裁かず、「父さんの大事な人に、そんな口を利かないで欲しい」という気持ちを告げる。どちらが正しいかは、あえて口にしない。これがコツだと思う。

いずれにしても、娘を幸せにするというのは、覚悟のいることだ。

娘をフォローすべきときもある

ちなみに、まだ幼い娘が母親から理不尽に叱られた場合は、ちょっと対応が違うので付け加えておく。

女の子は、幼いうちから観察力が豊かで、人の面倒を見たがる傾向がある。息子が保育園の2歳児クラスのとき、同じ2歳児なのに、息子のパンツを甲斐甲斐しく換えてくれていたお嬢ちゃんがいた。保育士さんによれば、よくあることで、ままごとやお人形遊びの延長のようなものだという。

考えてみれば、自分がまだ赤ちゃんなのに、ミルクのみ人形の世話をして遊ぶなんて、女性には、幼いころから母性本能があるのである。なんて、愛しい行為なのだろうか。

しかし、これが、母親の癇に障ることがある。観察力と母性だけは一人前でも、実際の行為は未熟だからだ。しかも、自分の気持ちを、まだうまくことばにできない。

お母さんを手伝ってあげたくて、手を出したらボウルをひっくり返しちゃった、みたいなことが起こる。「なんでいたずらするの!」と怒られたとして、「お母さんが疲れているみたいだったから、手伝ってあげたかったの」ということばが、まだ幼い娘には言えない。

このため、叱られたときに、自分の思いと叱られたことに対する乖離《かいり》が大きく、娘はパニックになってしまう。「いたずら」ではないのに、その濡れ衣を着せられて、その言い訳ができないのだもの。そのストレスから、泣き出したりして、さらに母親を逆上させる。下の子が生まれたばかりで、母親が過敏になっていたりすると、泥沼化してしまう。

この悪循環に入ったのを目撃したら、さっと娘を連れだそう。母親とて、目の前から、娘が消えてくれたら、ほっとして多少は冷静になれる。

そして、「お手伝いしようとしたんだよね。お父さんはちゃんと見てたよ」と声をかけてやって欲しい。

どんな子も、いたずらなんて、けっしてしない。好奇心に駆られて、あるいは手伝いたくて手を出す。結果、親が困る事態になってしまうだけ。その純真な心を汲《く》んで、ことばにして、慰撫《いぶ》してやって欲しい。

反抗期ではなく実験期

２歳のころの困った行動。たとえば、ミルクのコップを倒す、ティッシュを延々と引き出す、おもちゃを放り投げて何度も取らせる……なども、ひたすら好奇心に駆られた結果だ。

脳の中の出来事は、物理学者の実験と何ら変わりはない。だって、この星に来てまだほんの少し。ミルクのコップは、何度倒しても、あの美しいフラクタル曲線を描くのか、ティッシュはどこまで引き出せるのか、実験したくなっても仕方ないのでは？

私は、息子がミルクのコップを倒したとき、「ようこそ、地球へ」と、思わず言ってしまった。

「しちゃいけないことを教えなくては」なんて思い詰めるから、おおらかな実験が反抗に見える。あの2歳の〝実験〟を手厳しく叱っておいて、将来、「なんで数学や物理学が苦手なの」と嘆いても始まらない。とっくに、好奇心の芽を摘んでいるんだもの。

私は、だから、「反抗期」ということばが大っ嫌いだ。あれは「実験期」である。

そうは言っても、日々の暮らしを回している妻に、その実験を楽しむ心の余裕はないだろう。せめて、父親がいるときには、子どもの気持ちを汲んでやって欲しいし、惨状の後始末は、買って出て欲しい。

とはいえ、妻を「感情的になるな」と非難してはいけない。妻の逆上にも同情し、娘の傷ついた心にも同情する。難しいが、二枚舌にならなくては。

娘を連れだすタイミングを逸したら、「お茶碗並べるのを一緒に手伝ってくれるか」「お父さんのビールをついでくれるか」などと別の用事をつくって、お手伝いリベンジをさせてあげよう。

夫という存在への全幅の信頼が娘を幸せにする

妻へのえこひいきがもたらすのは、娘の自我のリストラだけではない。

私は、夫に対して全幅の信頼がある。その信頼は、たぶん夫がくれたものではなく、父がくれたものだ。「この家はお母さんが幸せになる家だ」と言い切った父に、「夫」という存在に対する絶対的な信頼が生まれたのだと思う。「男とは、この女性を妻と決めたら、細かいことを四の五の言わずに、人生を捧げるもの」なのだという絶対的な信頼である。

母にも、愛される才能があった。何せ、キュートな人なのである。論理は破綻するし、わがままを言う一方で、ユーモアもあり、生活を楽しむアイデアが満載だった。家に出入りする業者さんに対する気づかいにも溢れていた。母が幸せそうなら、家はきらきらした光に満たされた。私は、本当にいい両親を持ったと思う。

残念ながら、私には、母のような愛される才能がない。けれど、夫に対する全幅の信頼がある。

夫は、私の全幅の信頼があるから、応えなきゃいけないと思っているフシがある。「ここは私が幸せになる家ですよね」という私の揺るがない確信に、小学生が学校に通うように、疑問を抱くことなく、当たり前に従っている感じなのだ。

父親がくれた「夫という存在への全幅の信頼」は、愛され上手じゃない娘をも守ってくれるのである。

■生まれた日の話をしよう

先に、自我のリストラ（妻をえこひいき）の前に、「無条件の愛」を娘に示せと書いた。しかし、「もう間に合わない」というお父さんもいるのではないだろうか。いつからでも、やり直せるとっておきの手を一つ、伝授しておこう。それは、彼女が生まれてきた日の話をしてあげること、である。

私自身は、父との関係が拗《こじ》れていたわけではないけれど、「父が一番大切に思っているのは弟だ」という思いをずっと抱えていた。

母は私の誕生について、「お父さんは、俺に女の子なんていう無駄ものは生まれん、と言って、女の子の名前なんか考えていなかった。もしも女の子だったらかわいそうだと思って、毎日泣いていた」と、何度か私に語った。ハネムーンベイビー妊娠中の妻に、なんと酷なことを言ったものだ。

さらに、弟を身籠《みごも》ったときには、がっかりするのが嫌だからと女の子の名前しか考えなかったらしい。弟が生まれてから、あわてて名前を考えた、というエピソードもあった。

父から愛されてはいるけれど、父は男の子が欲しくて、弟が生まれて本当に嬉しかったのだなという思いが、ずっと心のどこかを凍らせていたのだ。

しかし、息子が生まれたときに、父はあっさりとその塊を溶かしてしまった。赤ん坊の息子は私に瓜《うり》二つで、その初孫を見ながら、父はこうつぶやいたのだ。「おまえが生まれたときを思い出すなぁ。本当に嬉しかった。最初の子だったから、成長の一つ一つが忘れられない。弟のほうは、そうでもないのになぁ」

私は、びっくりした。愛されて育ったのだと、30歳を過ぎてからしみじみと思い知ることになった。すると不思議なことに、晩酌する父に抱かれて、酒のつまみを食べていた日々を思い出したのである。考えてみれば、甘やかされた娘だった。

31歳の娘でもやり直せる。思春期の娘にだって、50歳の娘にだって効く。この世を卒業するまでに、ぜひ、話しておこう。

私は、兄弟姉妹全員に、「おまえが一番」と言っていいと思う。「おまえが一番、カワイイ」が３人いたっていいじゃない。同率1位が３人いたって。

お父さんが死んだ後に、それがバレても、みんなお父さんが恋しくて泣くだけだ。気になるようなら、「おまえが一番、記憶に残っている」「おまえが一番、可愛かった」「おまえが一番、輝いてたなぁ」と、何の一番かを変えればいい。

そう、いつからでも、愛はやり直せる。それが、父と娘の素晴らしいところだ。

「ここに生きていていい」という感覚

親から、自分が生まれてきた日の喜びを語ってもらうというのは、存在そのもの、丸ごとの肯定感だ。

私は、書評などで「この人の根拠のない自信に、最初は辟易《へきえき》とするけれど、そうかなと思わせる何かがある」などと、書かれたことがある。友人に「その根拠のない自信は、どこから来るの？」と面と向かって聞かれたことも。

私に言わせれば、「考察の積み重ね」の上に降りてきた確信であり、根拠は十分にあるのだが、この方たちが言うのは、おそらく、「揺るがない態度」のことなのだろう。

私は、たしかにビビらない。

「誰かと比べて、その差分にビビる」ということがない。「どっちが正しいのか」「どっちが勝っているのか」という概念が、ある意味、欠落しているのだ。

私が発言するのは、私の脳が探し当てたインスピレーションを、他の人にも見せてあげたい一心である。それ以上でも、それ以下でもない。誰かに勝ったりマウントしたり、褒められようと思ったり。そんな自己存在の証明をする気がない。

それは、おそらく、父と母の育て方に起因している。

両親は、誰かと比べてダメという言い方をしたことがない。「世間の評価に照らして」のダメ出しも食らったことがない。

それに加えて、31歳の夏の日、父が、私の生まれたときの話をしてくれたことが大きく影響しているように思う。あのとき、まるっと何か温かいものを呑み込んで、私は、わずかに感じていた「存在証明」の枷《かせ》からも解放された。

誰に勝たなくても、何を証明しなくても、ここにいていい。そんな感覚だ。

すべての父と娘に、そんな奇跡が起こるとは確約できないが、もしも、そんな感覚を娘にあげられる可能性があるのだとしたら、試してみる価値があるのではないだろうか。

娘の心には、父親しか埋められないピースが、たしかに存在する。

■父の悲しみが娘の自尊心をつくる

私には、父に叱られた記憶がほとんどない。

その理由は、父が私を叱るとき、「悲しい」ということばを使ったからだと思う。

たしかに叱る回数は少ない人だった。「遅刻してはいけない」「宿題をしなさい」「早く寝なさい」など、生活習慣の小言は言ったことがない。私が父の高校に通っていたころ、父が教務主任で、「遅刻撲滅週間」には、風紀委員と一緒に坂の上の校舎の前に立っていたこともある。遅刻ギリギリの私に、父は嬉しそうに「吉沢（私の旧姓である）、走れーっ」と大声を出して笑ってたっけ。父の授業で地図帳を忘れたときも、他の生徒と一緒に、椅子の上に正座させられただけ。その晩、特に何か言われた記憶がない。

それでも、世間知らずの娘に、小言の一つも言わなかったわけはない。父は、そんなとき、先述のように「悲しい」ということばを使ったのだ。

私が「〇〇なんてやりたくない」と言うと「悲しいことだな」、私が「〇〇なんて大っ嫌い」と言うと「そりゃ、悲しいことだな」というように。とてもとても、幼いころから、父はそうやって、私に「してはいけないこと」「すべきこと」を教えてくれたのだった。

私は、それを「叱られた」とは感じなかった。ただ、父の悲しみを悲しく思っただけだ。

だから、私は、その度に立ち止まって、わがままを言うのを止めようと努力した。父親の悲しみは、「やりなさい」「ゆるさん」なんてことばより、ずっと、胸にしみたのである。

やがて、大人になって、社会の理不尽な壁にぶつかったとき、私は、父の悲しみを思った。このことを、きっと父は、私のために悲しんでくれる、と。

だから、私は、耐えられたのだ。貶《おとし》められても、侮られても、自尊心を持って、胸を張っていることができた。逆に、父が悲しむような言動を、どうしてもすることができない。父の悲しみがくれたもの。それをことばにするなら、「自尊心」しかない。

父親は、無条件に娘を愛し、妻を尊重し、そして、悲しんでやらなければいけない。娘が大事なあまりにチヤホヤするだけなら、それは娘の自我を肥大させ、自己愛を育てるだけだ。悲しんでやれば、娘は、自尊心を手にし、父の望む道を行くことになる。

若き日に、ピアスの穴をあけなかったのも、髪を染めなかったのも、汚いことばを使わなかったのも、門限を守ったのも、読書を欠かさなかったのも、そうしなかったら、父が悲しむだろうと思ったからだ。

父の七回忌を終えた今でも、私は、「父が悲しむことはしない」が、人生のガイドラインである。

悲しみが足りない

今のお父さんに足りないのは悲しみだ。

スマートで若々しいお父さんが増え、恋人同士のように、娘と親密に過ごしている。それはそれで素敵なことなんだけど、その距離感では、「悲しいな」を言うチャンスがないのでは？

昔のお父さんは、チヤホヤできない代わりに悲しみがあった。娘にきついことを言ってしまった後に、娘の頬を叩いてしまった後に、所在なさげにしている。その背中から悲しみが伝わってくる。

メールも携帯もない時代に、帰りが遅い娘を待って、玄関の外に立ち尽くしていたお父さん。「ごめんなさい」とあやまる娘に、「無事なら、それでいい」と背を向ける。その背中に、悲しみが張り付いていた。自分の翼の下から、もうすぐ飛び立つ娘への思いが。

私たちの世代が、父からもらった「悲しみ」と「自尊心」は、今の若い女性たちには、どんなかたちで伝わっているのだろうか。

昭和レトロ作戦

昭和のお父さんたちは、家長として家族、親族への責務を全うする代わりに、威張っていられた。威張って、敬われているから、弱音は吐けなかった。その弱音を吐けない父親の背中に、娘は父の孤独と悲しみを感じていたのである。

対して、今のお父さんたちは、娘を疑似恋人にしてしまうので、父は娘に威張れないし、悲しみも見せることができない。

最近、帰りが遅い、派手な色に髪を染める、メイクが濃くなる、そんなんで外出してしまっていいのか？　という服装をする、19歳の娘に対して、「物申したいが、何を言っても軽くスルーされてしまう」というお父さん。「悲しみを伝えるなんて、どうやったらいいのか。自分にはハードルが高い」と、当惑する。

思春期以降に、父親から見て、こういう風になってほしくないという方向に走っていく娘たちに、多くのお父さんたちはお手上げ状態なのだ。


友人の娘さんは、父親の詰問に対して、「バイト」とか「カラオケオール」とか「高校時代の友達」と一言で返して、さっさと部屋に引っ込んでしまうらしい。

どんなことばをかけているのかと尋ねてみれば、「こんな遅くまで、何やってたんだ」「どこに行ってているんだ」「誰と出かけてるんだ」だそうである。禁忌の5W1H（！）

第2章で述べたとおり、5W1Hでは詰問と一緒。相手は威嚇されていると感じるだけだ。

威嚇や怒りでは、「自尊心」を立ててやることはできない。

娘が、自分の意に染まない行動をとったときこそ、「悲しみ」を伝えるチャンスである。私は、昭和レトロ作戦をお勧めする。

娘が帰ってくるまで、昭和の親父のように、玄関に座って待っていたらいい。夜中に帰ってきたら、「あ、無事だったか」と言って、さっと部屋に寝に行く。

私の場合、父の話ではなく夫の話で恐縮なのだが、新婚時代に、飲んで終電を逃して夜中の1時くらいに帰ってきたことがある。帰ってきたら、夫が玄関で体育座りをして寝ていたのだ。驚いて「ただいま」と声をかけたら、「あ、無事に帰ってきたんだ。よかった」と言って、そのまま部屋に戻って、寝てしまった。当時はまだ携帯がない時代で、「ああ、本当に心配かけちゃったんだ。もうこういうことは、二度としてはいけない」と、深く反省したことを覚えている。

もちろん、昭和とは、風景も玄関の灯りも違うかもしれないが、それでも、玄関で待っていよう。「お父さん、何してんの！」と、娘がびっくりしたら、「お、無事に帰ってきたか」

と一言だけ。まずは、それをやってみよう。

耳にピアスの穴をあけたいと言ったとき、髪を明るく染めたいと言ったとき、それが嫌なら、「そんなきれいな耳たぶに穴をあけちゃうのか」「そんなきれいな髪を染めちゃうのか」と、悲しんで。

それでも、きっと、令和の娘たちはピアスもするし、髪も染める。お尻が見えそうなショートパンツもはくかもしれない。しかし、気にすることはない。ここで重要なのは、言うことを聞かせることじゃない。父の悲しみをプレゼントすることなのだから。父が悲しんだことは、娘の心にずっと残るはずだ。

おわりに

この本は、お父さんのために書いた「娘のトリセツ」である。

父と娘は、この世で一番深い関係の男女だと私は思う。娘は父から「異性をジャッジする遺伝子」をもらい、父の生きざま（特に妻への態度）で、「男とはいかなるものか」を学ぶ。娘の一生の「愛のかたち」は、父親がデザインしていると言って過言ではない。

父の責任は、地味に重大である。

娘の幸せを願っているのなら、この本を、どうか手放さないで。

妻のおなかの赤ちゃんが、女の子だとわかったら、ぜひこの本を読んでほしい。

「パパのお嫁さんになる」と言って、無邪気に走り寄ってくる娘に胸がきゅんとしたら、ぜひこの本を読んでほしい。

思春期の娘のうんざりした顔に戸惑ったら、ぜひこの本を読んでほしい。

30半ば過ぎの娘がいっこうに結婚しないのが心配だったら、ぜひこの本を読んでほしい。

娘さんがお産で実家に帰ってきたら、ぜひこの本を読んでほしい。

生まれた孫が女の子だったら、ぜひこの本を、お婿さんに贈ってほしい。

大人になった娘と、しみじみとした話をしたかったら、ぜひこの本を読んでほしい。

——この本は、父と娘の一生に寄り添うように書いてみた。あなたは今、どの立場で、この本を読み終えたのだろうか。


この本は、女性にも読んでほしい。

なぜなら、「女性の幸せ」の最初の1ピースが何なのかわかるから。もしも、父親からそれをもらっていなければ、自分でつかめばいい。つかんで欲しい。

COVID-19（新型コロナウイルス）の流行と、折からのリモートワーク推進施策を受けて、働き方が劇的に変わった。「出社は週2日以内」という会社も増えている。本社を縮小化でき、通勤費用も圧縮できる。「働いていること」の証明が「出社」でなく「成果」になったので、「成果物」はかえって増えているともいう。企業側には、ある意味美味しい話だ。

おそらく、世の中のデファクトスタンダードは、「週3回リモートワーク、週2回オフィスワーク、週末おうち遊び」という暮らし方に変わっていくだろう。ホワイトカラーだけじゃない。工場や建設現場だって、今、遠隔化が急がれている。

人類の「おうち滞在時間」が圧倒的に長くなったアフターコロナ時代に、見直されているものが2つある。「家」と「家族」だ。

通勤時間にこだわる必要がないので、同じ予算なら、少し郊外にゆったりした物件を、という考え方だ。たとえば、リモートブースがあり、ウッドデッキとガレージがある暮らし、とか。父親の働く姿を、再び、子どもたちが垣間見るようになる。家族団らんが戻ってくる。古くて新しいファミリースタイルが始まったのである。

その変化の中で、「家族」のありようが問われている。「コロナ離婚」もたしかにあるが、「コロナ結婚」や「コロナのおかげで夫を見直した」もある。

愛しい娘に、嫌われるのか、見直されるのか。どきどきする。ここは、やはり、学んでおかないとね。

この本をお読みになったお父さんは、きっと大丈夫。

娘だって、「父親を嫌う気」満々というわけじゃない。二人は、もっとも深く理解し合える男女なのだから。


父が「娘の脳の成熟のさせ方」を知っていれば、娘は幸せになれる。

無邪気に人を愛し、一途に何かに打ち込んで、いい人生を送れるだろう。

人工知能エンジニアとして、ヒトと人工知能のコミュニケーションを研究する中で、男女脳の「とっさの使い方」の違いに気づいた。そのコミュニケーション・ギャップを賢く乗り越えれば、人類はもっと幸せになれるのに、と確信した。その日から、私は、この世のすべての男女の幸せを願っている。

この本は、「女性の幸せ」の大事な最初の1ピースを握っているお父さんたちへ、心からのエールと共に贈る本である。

頑張って、お父さん。


実は、「娘のトリセツ」は、何年も前から、ずっと望まれてきたテーマだった。娘のいない私には苦手意識があって、ずっとお断りしてきたのである。

しかし、2年前、我が家に超キュートなおよめちゃんがやってきて、「娘を持つことの愉楽」を経験させてもらっている。そんな日々の中で、この世の「父と娘」の幸せな光景を、いっそう願うようになった。

私の親友である坂口ちづさんが、「妻のトリセツ」に続いて、今回も執筆のパートナーになってくださった。娘を持つ彼女の助言も、背中を押してくれた。

そして、何より、思春期の娘さんと断絶したくないと切に願う編集の木村順治さんの情熱、着々と話を進めてくださる井尾淳子さんのコーディネートがなければ、この本は生まれなかった。心から感謝します。

今日も、この星の上で、たくさんの娘が生まれていることでしょう。どうか、すべての父と娘が、安寧でありますように。

２０２０年７月　夏空の広がる朝に

黒川伊保子

黒川伊保子［くろかわ・いほこ］

1959年、長野県生まれ。人工知能研究者、脳科学コメンテイター、感性アナリスト、随筆家。奈良女子大学理学部物理学科卒業。コンピュータメーカーでAI（人工知能）開発に携わり、脳とことばの研究を始める。1991年に全国の原子力発電所で稼働した、〝世界初〟と言われた日本語対話型コンピュータを開発。また、AI分析の手法を用いて、世界初の語感分析法である「サブリミナル・インプレッション導出法」を開発し、マーケティングの世界に新境地を開拓した感性分析の第一人者。著書に『妻のトリセツ』『夫のトリセツ』（講談社）、『コミュニケーション・ストレス　男女のミゾを科学する』（PHP新書）など多数。

構成：坂口ちづ
編集：井尾淳子、木村順治

娘のトリセツ

二〇二〇年　十月六日　初版第一刷発行
二〇二三年　三月七日　第七刷発行

著者　黒川伊保子
発行人　下山明子
発行所　株式会社小学館
〒一〇一－八〇〇一　東京都千代田区一ツ橋二ノ三ノ一
電話　編集：〇三－三二三〇－五六五一
販売：〇三－五二八一－三五五五

印刷・製本　中央精版印刷株式会社

Printed in Japan ISBN978-4-09-825381-4